Mme Severn

Un roman, Vol. 1

Mary Elizabeth Carter

Writat

Cette édition parue en 2024

ISBN : 9789359941592

Publié par
Writat
email : info@writat.com

Contenu

PARTIE I

PROLOGUE

A ROCOZANNE, JERSEY

« C'est très gentil de votre part de m'avoir rencontré, Ambrose. »

"Mais vraiment inutile ?"

M. Severn rit consciemment, mais se recouvrit en écartant sa large paume sous ses narines et en lissant, d'un lent mouvement vers le bas, la moustache et la barbe bien coupées qui cachaient ses lèvres et son menton. C'était une nouvelle habitude, mais la croissance aussi était nouvelle, et Ambroise fut surpris de constater qu'elle lui prenait dix ans de plus.

"Eh bien, tu sais que je t'ai dit de ne pas me rencontrer."

 « Vous l'avez fait, et vous ne dites pas par courtoisie ce que vous ne pensez pas. Il y a des gens qui croient en un système de présentations formelles au Ciel même. Si vous aviez souhaité avoir de la compagnie à Saint-Brélade, vous vous en seriez laissé à mes notions de convenance. Cependant, je vais vous rassurer. Je vais en ville avec le train qui revient.

«Je vais attendre et vous revoir.»

« Et faites ce que vous voulez en ce qui concerne la conduite. Si vous préférez marcher, la charrette à chiens m'attendra.

« Merci, je préférerais marcher », dit M. Severn.

Ils avaient atteint l'extrémité de la plate-forme et se tournaient maintenant vers la baie. Ses vagues s'agitaient avec des crêtes d'écume dans lesquelles plongeaient des mouettes avec le soleil sur leurs ailes. Au loin, une vue de rayons de soleil flottait sur Saint-Hélier, bas le long du rivage, avec ses hauteurs fortifiées dans l'ombre sur fond d'obscurité d'une tempête balayant venant de l'Ouest. C'était la marée haute et le château Elizabeth était entouré par une mer agitée. Une courbe de sable jaune, avec çà et là une tour Martello, marquait le littoral. L'air était plein du bruit des vagues et du souffle du vent qui se levait.

« Si jamais je me marie, je ne pense pas que je ferai suite à votre expérience des quarante heures précédentes », dit Ambrose Piton alors qu'ils retournaient au train avec quelques autres personnes tranquilles. « Un trajet de cinq milles depuis vos landes du Yorkshire à Old Lafer jusqu'à la gare la plus proche, Wonston, je suppose – une course en avant en Angleterre jusqu'à Southampton, dix heures de tangage dans une mer sale, par notre chenille de train jusqu'à Saint-Aubin ici. , et enfin une marche de trois miles. Par Jupiter, tu dois te sentir un peu fatigué.

« Oh non, je suis habitué à de tels voyages. J'ai fait exactement la même chose à l'exception de cette dernière marche en sortant à Jersey il y a cinq mois et j'ai eu la chance de rencontrer Miss Hugo. Vous ne serez probablement pas un homme de cinquante ans, accablé par les affaires des autres, lorsque vous vous marierez, Ambrose. C'est cette promenade à Rocozanne qui vous amuse, ajouta-t-il avec un sourire bon enfant. « Vous pensez qu'il est incompatible avec l'ardeur d'un amoureux que je n'aille pas aussi vite que votre bonne jument me le ferait. La vérité est que je veux une heure de loisir. Quand on se marie une seconde fois et qu'on a mon âge, et que c'est une jeune fille qui est assez bonne pour en prendre un, les responsabilités sont bien plus grandes que lorsque deux jeunes gens se marient ; on a plus de craintes, vous savez, à l'idée que sa femme soit heureuse. Depuis que j'ai gagné Clothilde, j'ai à peine eu le temps de me rendre compte de ma bonne fortune. Tout au long de ce voyage, j'ai eu du mal avec une correspondance qui, si elle était laissée la semaine prochaine, constituerait un arriéré de travail. Et maintenant, une promenade me rafraîchira et rééquilibrera mes pensées, puisque demain, s'il plaît à Dieu, je sera marié. Mon âge doit être l'excuse de ce que le vôtre prend pour de la tiédeur.

— Je ne vous trouve pas tiède, dit franchement Piton. « Mais je vais vous dire, monsieur, vous êtes plus simple d'esprit à cinquante ans que moi à vingt-cinq ans.

'Simplet? Comment? Je ne comprends pas.'

« Vous appelez un chat un chat et vous pensez que c'en est un », dit Piton d'un ton boiteux, mais avec une résolution désespérée qui trahissait un sérieux courant de pensée sous-jacent.

«Bien sûr, pour être franc. Vous le feriez vous-même.

« Oh, certainement », dit Piton avec appréhension. «Voici la locomotive», ajouta-t-il avec une hâte maladroite en sautant dans le train.

« Un instant, comment va-t-elle ?

« Clothilde ? Très bien.'

« Et Anna ? C'est très gentil à vous et à M. Piton de nous laisser enlever la petite Anna.

«Oui, c'est vrai», dit Piton. "Mais elles n'ont jamais été séparées bien qu'elles ne soient que demi-sœurs. Et même si Anna est la nièce de mon père et que Clothilde ne l'est pas, et que nous aimerions l'avoir à Rocozanne, nous savons qu'elle sera mieux avec une femme ; et comme nous n'avons que des domestiques, il semble juste qu'elle aille avec Clothilde. Mais mon père m'a expliqué tout cela, ajouta-t-il en souriant. « C'est un point sensible, nous vous en voulons. »

— Elle doit venir souvent à Rocozanne.

'Bien sûr. Maintenant c'est parti. Ne manquez pas votre route.

«Je connais les raccourcis», dit M. Severn en se détournant. Piton rit et agita la main. Puis, alors qu'il se penchait en avant et le regardait monter sur la plate-forme, son visage devint sérieux. C'était un beau jeune homme. À en juger par son expression habituelle de bonne humeur facile, les lignes de sa vie étaient tombées dans des endroits agréables. Mais maintenant, il arborait un regard qui passait de la douleur au dégoût et au ressentiment.

« S'il y a jamais eu un bon garçon dans ce monde, c'est bien Severn », pensa-t-il ; « et c'est justement ce qui le rend assez fou pour se croire indigne d'une femme qui semble aimable. Je me demande quand il commencera à comprendre la véritable structure morale de Clothilde. Dieu merci, il ne sera pas gâché, même s'il peut être mutilé ; il est fait d'une matière plus sévère qu'il ne l'imaginera jusqu'à ce que l'occasion se présente, et il aime beaucoup Anna, et rien ne gâtera Anna, pas même Clothilde. Si je le pensais, nous la garderions à Rocozanne après tout. J'avais envie de lui avouer la vérité et de lui parler des fiançailles de Clothilde avec ce pauvre garçon des Indes. Elle ne se soucie pas du tout de Severn. Le cœur qu'elle a est au Pendjaub ; mais parce qu'il est donné à un pauvre homme, elle joue faux. Et elle lui a écrit une lettre hier encore, à l'ancienne ! J'aurais aimé que Severn entende elle me l'a dit, quel sang-froid ! Un oiseau dans la main, et cetera. Elle restera avec Danby jusqu'à ce que le registre soit signé avec Severn ; s'il y avait une erreur au dernier moment, les renseignements compromettants n'atteindraient jamais l'Extrême-Orient, et si elle ne s'adressait pas à quelqu'un d'autre, elle pourrait quand même attendre. Mais à quoi bon le dire à Severn ? Cela ne ferait que le rendre terriblement malheureux et scandaliser mon père, qui pense qu'elle a eu un désaccord amical avec le Pendjaub, et la laisser cajoler quelqu'un d'autre. Sa beauté le ferait. Par Jupiter, elle *est* belle, mais elle ne cherchera jamais à Severn ce qu'elle cherchait à Danby ! Dieu sait ce qui pourrait lui arriver si mon père refusait de la recevoir à nouveau ici. Elle ne travaillera pas comme professeur de musique, pas elle ! Elle est dilettante, pas enthousiaste. Ces landes dont parle Severn seront un endroit sûr pour elle ; ses ailes seront coupées et elle ne pourra plus faire de bêtises. j'espère seulement il lui montrera bientôt la main de maître et la guidera par la seule force de l'exemple vers l'honnêteté.

Lorsque M. Severn a quitté la gare, il a atteint le ravin derrière St. Aubin's, là où passait la route intérieure. Alors qu'il passait devant les vieilles maisons de pierre délabrées et tordues, dont l'humidité sombre les rendait à peine adaptées au bétail, diverses vieilles vieilles femmes et enfants sortaient pour le regarder. Il n'y avait pas d'homme si grand sur l'île. Ils ne savaient rien des Anakims personnifiés par les habitants du Yorkshire. Sa taille, ses membres massifs et la largeur de ses épaules, ses cheveux d'un noir de jais, sa couleur fraîche et ses dents brillantes, furent pour eux une révélation. Un groupe de marchands qui attendaient à la gare de Corbière se pressait contre la grille et faisait des remarques audibles. Mais ils étaient en français et il ne comprenait pas. Les voyant intéressés, il hocha la tête, puis leva son chapeau. Il s'y intéressait moins qu'il ne l'avait été un peu plus tôt par une roue hydraulique contre la route qui emprisonnait un ruisseau argenté qui jaillissait au-dessus de la route. bord d'un talus de ronces au-dessus. Un peu plus loin se trouvait une carrière sur la pierre de laquelle il resta quelques instants à spéculer. Elle frappait au cœur de la colline, une tache ocre sur le dense velouté des ajoncs. Un homme vêtu d'un chemisier bleu était en train de l'ébrécher à la base. Cela toucha à la fois son amour de la couleur et ses instincts d'intendant d'un grand domaine où les terres et les roches étaient constamment en considération. Il y avait un raccourci en dessous de la carrière jusqu'à Saint-Brélade, mais il ne l'emprunta pas. Lui et Clothilde Hugo n'avaient pas pris les raccourcis lorsqu'ils étaient ensemble, et il se souvenait d'un point de la route qu'elle lui avait montré d'où on apercevait les maisons blanches de Saint-Hélier luisant sur la mer améthyste dans une région enclavée. paramètre. Il fit le tour de la route et flâna un peu en pensant à elle.

Comme c'était bon de sa part de le prendre ! Quelle confiance elle lui témoignait ! Il pleinement réalisa l'isolement du foyer auquel son mariage avec lui la condamnerait. Non seulement il était beaucoup plus âgé qu'elle, mais il était impressionné par le sens de leurs différentes positions sociales. Il était passé du statut de petit fermier à celui d'intendant des domaines de l'amiral Marlowe, et elle appartenait à une bonne vieille famille qui occupait un rang élevé parmi l'aristocratie de la fière Guernesey. Il pouvait lui apporter du confort mais pas du luxe. Elle était belle, elle était intelligente. Se sentirait-elle enterrée au Vieux Lafer, ou son affection compenserait-elle la perte des convivialités sociales et jetterait-elle un glamour sur l'étrangeté des tempêtes hivernales et la solitude du soleil d'été ? La poésie innée de sa nature l'avait intronisée comme une fleur parmi les fleurs à Rocozanne. Il ne devrait jamais oublier la richesse des fleurs du jardin lorsqu'il y est entré lors de sa première visite, l'éclat des couleurs des plantes tropicales comparées aux herbes et aux bouquets simples du vieux Lafer. Cela l'avait ébloui. La maison blanche, l'éclat du géranium, le parfum de l'héliotrope, le giron de la mer qui frémissait au soleil comme les millions de facettes des diamants, les brumes thermiques qui baignaient les falaises, les douces teintes de champignons de la vieille église au-delà du feuillage persistant. des chênes dont la densité brillante du feuillage mettait l'ensemble en relief, l'avaient impressionné par la perception de l'éclat, de l'aisance et du luxe. Clothilde, se levant lentement et gracieusement d'une chaise basse à l'ombre des arbres et venant vers lui les mains tendues, lui donna le contact de la nature humaine qui se subordonnait tout d'un coup à elle-même. Ses yeux brillaient de bienvenue. La petite Anna, courant depuis le portail jusqu'au cimetière entre les barreaux duquel elle jouait avec le chien du fossoyeur, glissa ses doigts dans sa paume et le regarda avec un regard d'elfe sous ses cheveux soufflés par la brise. Clothilde se baissa, lissa les cheveux et embrassa le front de l'enfant. Cette action a scellé le sort de M. Severn.

Le crépuscule de novembre s'approfondissait lorsqu'il atteignit aujourd'hui le point culminant de sa promenade. Quelques pas supplémentaires le conduisirent au bord des falaises qui surplombent la baie de Saint-Brélade. Le soleil s'était couché, laissant des lueurs sinistres perçant une frange de nuages qui semblaient avoir été arrachés aux nuages plus épais au-dessus, et cacheraient bientôt la ligne d'horizon dans un brouillard de pluie battante. Le vent augmentait. Des nappes d'écume s'écrasaient contre le Noirmont, la baie n'était qu'un gaspillage d'eau tumultueuse se dirigeant vers la plage. Son regard la parcourut jusqu'à l'église nichée au pied d'une gorge pleine de châtaigniers et de chênes verts. Il distinguait l'essentiel de sa tour sur la colline. La digue qui soutenait le cimetière se prolongeait le long du jardin en terrasse de Rocozanne. Mais il ne pouvait pas distinguer Rocozanne jusqu'à ce que soudain une lumière jaillisse d'une fenêtre et, après une ou deux lueurs intermittentes, s'y installe.

Son cœur fit un bond à la vue de cette lumière. Il se plaisait à imaginer que Clothilde l'avait posé sur le rebord peut-être pour le guider à ses côtés. Ses pensées se tournèrent vers les nombreuses nuits où elle le surveillait à Old Lafer. Fini les soirées solitaires pour lui, fini les retours sans confort dans des pièces ternes et vides. Bon dieu! penser que cette belle et bien-aimée présence devait être son étoile directrice. Mais il doit se dépêcher maintenant. Il était certain que Clothilde l'attendait, le visage contre la vitre et regardant la route. S'il avait fait jour, elle aurait pu le voir se profiler au bord de la falaise. Elle pourrait s'attendre à ce qu'il conduise et devenir de plus en plus anxieuse face au retard. Il marchait rapidement, les battements de son cœur suivant le rythme de ses pas, ses pensées pleines de vœux et de résolutions pour mener son bonheur de toute une vie autant qu'il était en son pouvoir. Il se souvint qu'une fois, lors d'une précédente visite, il l'avait trouvée en train de regarder Ambrose et lui. avait marché tard dans la nuit. La légère anxiété lui avait alors donné une blancheur pincée qui se changeait en rougissement au moment où ses yeux s'éclairaient sur eux montant les marches de la plage au jardin. Elle était à la porte avant eux. La marée n'était pas encore trop haute pour qu'il puisse monter les marches aujourd'hui. Peut-être qu'elle lui ouvrirait à nouveau la porte.

Il était maintenant dans le village, et bientôt le traversant, il descendit le banc de sable jusqu'à la plage, dont une bande était encore dénudée de plus de mer que les flocons de levure volant au vent. Un autre instant et il avait monté les marches. Ils étaient surplombés d'un amas de chrysanthèmes en pleine floraison. Il s'avança entre deux touffes d'herbe de la pampa dans le jardin et fit face à la façade basse et blanche de Rocozanne. Tout était calme et pour le moment sombre. Il resta immobile, écoutant. Puis il s'aperçut que la porte d'entrée était grande ouverte. L'instant suivant, une lueur de lumière tomba haut sur les murs intérieurs et se diffusa progressivement tandis qu'une silhouette descendait lentement les escaliers. C'était Clothilde Hugo. Elle portait une lampe et, lorsqu'elle atteignit la marche la plus basse, elle l'éclaira fortement. Elle était grande et mince. Son visage était pâle, avec des traits délicieusement dessinés, et se dressait au-dessus d'une gorge aux courbes incomparables. Une masse lâche de cheveux noirs et ondulés était séparée au-dessus d'un sourcil bas et blanc. Ses yeux sombres gagnèrent en profondeur grâce à l'intensité de son regard inconscient dans l'obscurité extérieure. Elle portait une robe noire, longue, fluide et simple comme la mode l'était alors. Il était coupé bas et un ruban de velours écarlate le plus vif lui entourait le cou. Les manches qui pendaient au coude montraient des bras magnifiquement modelés et une bande écarlate enserrait sa taille.

Elle posa la lampe sur la table et resta debout, à moitié tournée vers la porte, écoutant. Oh! si seulement il avait pu connaître la peur vitale qui lui rongeait le cœur : il était en retard ; s'il n'était pas venu, s'il avait entendu quelque chose, *ne venait-il pas* ? Devrait-elle attendre Lucius Danby après tout ? Eh bien, elle n'avait pas encore renvoyé Lucius, cette lettre ne serait envoyée que lorsqu'elle serait la femme d'un autre homme ; il n'a jamais besoin de savoir⸺

« Clothilde !

C'était la voix de M. Severn. Il était près d'elle, si près que ses yeux avides, voilés de bonheur, n'eurent pas le temps de voir une ombre rapide et convulsive qui balayait son visage, semblant la rappeler d'un rêve agréable à une réalité qui répugnait à tous les sens. . Elle resta un instant immobile, comme paralysée. Il lui saisit les mains. Ils étaient glacials.

« Clothilde, répéta-t-il, ma chérie, ma... »

Elle a tourné. Un autre instant, elle était dans ses bras et lui avait passé les bras autour du cou. Non! Non! elle n'avait pas désiré Lucius ! *C'était* ce qu'elle avait voulu. La peur obsédante que cela ne se produise l'échec avait disparu - une peur qu'elle n'aurait jamais connue si elle n'en avait pas échoué un autre.

Mais il ne le savait pas. Il pensait qu'elle l'aimait vraiment et lui seulement.

CHAPITRE I

VIEUX LAFER

« Maintenant, les enfants, entrez ; heure du coucher!'

« Oh Anna ! » » s'est élevé un chœur de reproches étouffés tandis que quatre coqs dans le pré dans lequel Anna Hugo regardait par-dessus le mur du jardin du Vieux Lafer, se redressaient et révélaient quatre enfants. Trois étaient des filles, nommées Antoinette, Emmeline et Joan. Tous étaient beaux, avec une peau crémeuse, des yeux sombres et des cheveux bruns bouclés tombant jusqu'à la taille sur des blouses hollandaises. Ces blouses étaient coupées bas au niveau du cou et à manches courtes, permettant aux épaules rebelles de se pousser avec des haussements d'épaules et des torsions de leur confinement et montrant des coudes brun noisette avec des fossettes.

Anna sourit alors que les enfants repoussaient leurs cheveux et tournaient vers elle leurs visages rouges. Elle se demandait quelle voix serait la première à protester contre sa dureté de cœur.

— Nous jouons sur les tombes, dit timidement Emmeline, les clins d'œil et les hochements de tête n'ayant pas réussi à faire prendre les devants à Antoinette.

— Pour la toute dernière fois cette année, dit Antoinette.

« Parce que c'est le tout dernier foin qui reste à Old Lafer ; Elias le dit, dit Jack.

— Eh bien, bien sûr, dit Antoinette ; « N'avons-nous pas joué aux tombes dans tous les autres domaines à tour de rôle, idiot ?

«Elias ne va plus tarder, Anna», dit Emmeline. « Il débarrasse le dernier traîneau par le bec, et le jeu est qu'il doit deviner quel coq est lequel d'entre nous.

"Et quand il devine bien, nous lui donnons un baiser", a déclaré Joan.

«Je ne le fais pas», dit Jack.

"Parce que tu n'es qu'un garçon", dit Antoinette, dont la vocation semblait snober Jack et ainsi tempérer toute acceptation de lui comme le seul garçon, à laquelle d'autres pourraient être tentés.

"Vous pouvez attendre", dit Anna à la hâte, et tandis qu'ils se couvraient de foin avec des gloussements très discrets et des exhortations à la prudence, et appelant Anna pour être sûre et lui dire si un nez ou un pied restait visible, elle grimpa jusqu'à le haut du mur et s'assit.

Le soleil était bas – encore quelques instants et il allait descendre sous la lande derrière la maison. Les ombres s'étendaient longuement sur l'herbe. Le jardin était à droite de la porte d'entrée, dont les marches inégales descendaient sur des drapeaux brillants de bossages dorés en pierre de taille. Le vieux Lafer avait une longue façade et un toit de chaume raide avec des avant-toits profonds où les hirondelles aimaient construire. Les deux rangées de fenêtres étaient grillagées avec des carreaux de plomb ; les roses mensuelles atteignaient les rebords des inférieurs. Autour de la porte, une épaisse végétation de lierre grimpait jusqu'aux avant-toits, à l'extrémité de la maison la plus éloignée du jardin, rehaussant l'effet brut de la pierre lichenée. Au-dessous, un petit ruisseau, clair et froid comme du cristal, sortait de dessous la laiterie et glissait le long des dalles en un ruisseau, murmurant doucement comme s'il avait hâte de se cacher dans l'abreuvoir bordé de fougères de l'autre côté du mur. Les murs étaient tous pleins de rue, de polypodes et de becs de grue – une croissance d'années – que personne n'avait le droit de toucher. Il n'y avait rien que M. Severn appréciait plus dans cet endroit que ses éléments de nature sauvage. Il avait horreur du serpeur qu'Elias aurait appliqué sans pitié sur les lilas et les épines, les coupant pour les rendre bien rangés. Ceux-ci, bordant la touffe de sapins qui abritait Old Lafer du nord, furent autorisés à surplomber le jardin, leurs gerbes de fleurs sauvages se succédant. le parfum se répandait sur les giroflées qui poussaient en épaisse bordure sous les fenêtres du meilleur salon. Le jardin avait été aménagé pour le meilleur salon il y a des années, lorsque le vieux Lafer était le Hall et que les Marlow y vivaient. C'était plein de fleurs et d'herbes à l'ancienne, un jardin où les abeilles pouvaient devenir folles. M. Severn avait une rangée de ruches sous le mur le plus ensoleillé, et avant que la lingue ne souffle, les abeilles bourdonnaient toute la journée sur leurs ailes. cela aurait dû être ivre s'ils ne l'étaient pas. Quand la lingue explosait, le jardin ne les connaissait plus.

C'était la fin du mois de juillet et il y avait une vague sur les landes qui roulait brusquement jusqu'à la ligne d'horizon derrière la maison. Devant, les prairies plongeaient dans la vallée du Woss, puis remontaient jusqu'au village d'East Lafer. Après cela, le feuillage et la culture ont augmenté. La plaine qui s'étendait jusqu'aux mondes était variée de jachères, de chaumes et de pâturages. Ses teintes étaient opalescentes. Anna aimait mieux les ombres d'un bleu profond qui se cachaient dans chaque creux des collines, montrant leurs moulures et intensifiant leur soleil.

Quand Elias Constantin remonta la pente depuis le pont, il était en avance sur le traîneau. Son râteau était sur son épaule et il s'appuyait sur un bâton de houx. Il n'a pas attendu le poney, tendant tous ses muscles pour poser sa charge, mais remarquant avec désinvolture : « Salut, monte, Jane, ma belle ! fait pour les coqs. Il admirait l'entreprise et fit un clin d'œil à Anna pour le dire. Il se promenait lourdement, poussant les uns après les autres et s'efforçant de recueillir quelques indices pour ses suppositions. Il n'a jamais été aléatoire et détestait se tromper. Ses vieux yeux perçants ne le trompaient plus maintenant. Quand Jane les atteignit, elles étaient toutes prêtes à remonter le champ ensemble, les filles secouant les graines de foin de leurs cheveux, Jack poussant le fourrage sous le nez de Jane à chaque fois qu'Elias la « respirait ».

"Je suis vraiment désolée que tout notre foin soit dedans", dit Antoinette en regardant à travers le rendez-vous dans les champs encore en andains et brochets.

— Vous ne le seriez pas si vous l'obteniez, dit Elias. "C'est une période rarement occupée pour observer la météo et les manières branlantes de la Providence de se doucher et de briller."

« Lias, pourquoi Jane ne mange-t-elle pas ce foin ? » demanda Jack, dont les mèches étaient étouffées et dédaignées.

"Parce qu'elle est rassasiée."

'Oh! il faut dire qu'elle en a eu assez ; Anna le dit, dit Joan.

« C'est dangereux si je devais dire le contraire de ce que je dis, mademoiselle. »

'Oh! quel joli mot, frappé ! dit Jack.

«Je pense que j'avais tort ici», dit Elias penaud.

"Ça n'a pas été cogné, il n'y a rien à cogner", dit Antoinette.

«Je sais qu'il n'y a pas de portes ici, Netta…»

«Maintenant, tu veux dire Dinah quand elle est en colère. C'est dommage, Jack.

"J'ai couché, c'est à ce moment-là que quelqu'un l'a contrariée", a déclaré Elias, qui, en tant que mari de Dinah, non seulement savait comment les portes pouvaient claquer, mais était loyal dans ses excuses.

Ils avaient maintenant atteint le montant et Elias les envoya dessus. À son avis, Miss Anna avait attendu assez longtemps les « baärns ». Elle n'avait pas eu un peu de calme ce jour-là et elle devait en avoir envie. Elle était comme la prunelle de ses yeux. Mme Severn était peut-être une belle dame, mais elle n'avait pas « l'air belle ». Il hésitait à appeler « Missis » une femme qui n'était qu'une femme de « Maître », et malgré les exhortations de Dinah au respect conventionnel, il l'appelait très rarement « Missis » ; elle était généralement «

Clo » dans son vocabulaire. Qu'y avait-il de maîtresse chez une femme qui passait son temps dans un hamac sous les arbres en été et sur le canapé en hiver, à jouer de la guitare, du violon ou à jouer avec elle ? des enfants, tandis que son mari commandait les dîners, faisait les livres des commerçants et, la nuit, interrompait son repos en faisant office d'infirmier en chef ? Il n'y avait eu aucun réconfort dans cet endroit jusqu'à ce que Miss Anna ait quitté l'école. Pourtant, M. Severn adorait sa femme ! Cela l'énervait de voir comment un homme sensé pouvait être si stupide ! Son opinion à son sujet aurait baissé de plusieurs degrés s'il n'avait pas adoré Miss Anna aussi et s'il n'avait pas ainsi racheté son personnage de l'accusation d'être pris par sa belle apparence. Même Elias savait qu'elle n'était pas belle aux côtés de Mme Severn et de ses enfants, mais elle avait un sourire et une étincelle dans les yeux comme Mme Severn n'en avait jamais eu.

Anna sauta du mur et, traversant le jardin, rencontra les enfants sur les drapeaux. Ils traversèrent tous le couloir et montèrent les escaliers peu profonds en chêne, parlant à voix basse de peur que la mère ou le bébé ne dorment. Au sommet, diverses bandes de vieux médicaments à cordon menaient aux portes de plusieurs chambres. Mme. La porte de Severn était entrouverte et Jack et Anna regardèrent ensemble, il regardant par-dessus ses jupes et secouant sa tête bouclée pour le bénéfice des autres. Il n'y avait aucun son ni mouvement. La pièce était basse, lourdement meublée en acajou et paraissait sombre. Un canapé recouvert de tissu rouge était placé devant une fenêtre. Ses coussins étaient empilés à une extrémité, et sur eux reposaient une tête sombre et le profil ivoire d'un visage sur lequel tombaient les dernières douces lueurs du soleil.

« Clothilde », dit doucement Anna.

Il n'y eut pas de réponse mais elle s'avança et, se penchant sur le dossier du canapé, elle constata que les yeux de Mme Severn étaient grands ouverts.

« Entrez, les enfants, maman est réveillée », dit-elle.

La porte était grande ouverte et ils entrèrent tous en groupe jusqu'au lit où gisait le bébé.

'Ah! Clothilde, dit Anna, il n'y en a pas aussi sourd que ceux qui n'entendent pas, n'est-ce pas maintenant ? J'étais certain que vous étiez réveillé, mais vous vous sentez paresseux, et plus vous resterez allongé ici, plus vous vous sentirez paresseux ! La chaleur, ajoutée à cette tendance constitutionnelle, est stupéfiante, n'est-ce pas ?

Elle parlait de manière satirique et souriait, mais essayait en même temps de disposer les coussins plus confortablement. Mme Severn, cependant, la repoussa et s'assit.

« Tu me trouves toujours paresseux quand je suis fatigué ; vous êtes une créature ennuyeuse et contradictoire, dit-elle.

« Non, je ne le fais pas, pas toujours. Mais vous ne seriez jamais aussi fatigué si vous n'étiez pas aussi paresseux, ce qui est un paradoxe ! Et tu as l'air si fort et si bien ce soir… »

'Fort! Je n'ai jamais l'air forte, Anna ; autant dire robuste à la fois. Et tu sais que je n'ai jamais l'air vulgaire.

« Très chère, qui a dit un mot sur la vulgarité ? Je pensais seulement ce que j'ai dit. Si avoir l'air fort signifie être vulgaire, alors je le suis et j'en remercie Dieu. Mais vous avez l'air bien ce soir, et si M. Borlase vous voyait, je suis sûr qu'il dirait que vous allez bien. Quand vas-tu ravir nos yeux en étant de nouveau au salon, belle femme ? Quel vilain petit canard je suis parmi vous tous, seul Elias pour me réconforter avec son « divin visage simple de femme ». Peut-être que la mienne pourrait évoluer vers cette phase.

Elle avait pris une brosse sur la coiffeuse et détaché les cheveux de Mme Severn. Repoussée de son front, elle balaya les coussins en une masse sombre et nuageuse. Son visage était aussi pâle que du marbre, car maintenant il n'y avait plus de soleil pour le teinter. Son expression était celle d'un repos sculptural. Les traits parfaits n'admettaient aucun jeu de pensée ou de sentiment ; ils n'étaient pas seulement vierges comme une page vide, mais suggéraient le vide intérieur d'un égocentrisme total. Elle avait l'air rêveuse et apathique. Ses yeux semblaient plus grands mais n'est plus brillant; leur éclat s'éteignait comme si une brume impalpable s'étendait sur eux. On sentait que, dans la joie ou dans le chagrin, son visage resterait le même. Mais sa beauté et son raffinement de repos ciselé étaient exacerbés par une fascination absolue par cette indifférence préoccupée. Cela a suscité des spéculations. Qu'était-ce que c'était en tant que visage d'enfant ? Aucune émotion de l'enfance n'avait-elle submergé l'abstraction, ou une émotion écrasante l'avait-elle fixée là ? Est-ce qu'elle vieillirait et le porterait encore ? La mort ne pouvait accroître son calme. Borlase, son médecin, lui accordant une attention compétente pendant ses heures d'agonie, sentit avec un étrange frisson que même dans son agonie, elle était, d'une manière étrange, impersonnelle - son épitaphe, quoi de plus approprié que celle-ci, "Elle est morte comme elle avait vécu froidement ?

Et maintenant, les doigts habiles d'Anna avaient rassemblé les riches cheveux et les tressaient en tresses pour les enrouler haut sur sa tête avec un diadème en forme de diadème. effet. Mme Severn s'était relevée pour admettre cette manipulation et l'avait observée dans un verre qu'Anna lui avait mis entre les mains. Quand ce fut terminé, Anna recula et l'observa, son propre visage s'illuminant de joie fière et enthousiaste. Mais cette joie n'affecta pas Mme Severn, qui réfléchissait à ses derniers mots.

«Je ne crois pas que le divin soit inextricablement mêlé à l'humain», a-t-elle déclaré.

«C'est de la pure perversité. Non seulement vous me volez une miette de confort, mais vous vous faites passer pour hétérodoxe. Je ne crois d'ailleurs pas que vous y ayez jamais pensé.

'C'est vrai.'

"Oui, vous pourriez dire avec Hodge : "Je pense surtout que ce n'est pas le cas." Hodge, en creusant, est excusable, car il n'y a aucune inspiration dans le moule où la seule variété réside dans la taille des pierres et des vers qu'il trouve. Mais tu es si différent. Je suis sûr vous seriez plus heureux si vous étiez plus occupé : « Satan trouve encore des méfaits à faire pour des mains oisives. »

Mme Severn s'est soumise avec indifférence au baiser véhément avec lequel Anna a terminé sa conférence.

"Quand vous citez Satan, je suis chez moi, mais je ne connais rien de Hodge", dit-elle de sa voix lente et mélodieuse.

Anna a ri. C'était comme faire preuve de logique à une méduse pour discuter avec Clothilde.

« Je crois vraiment que c'est un fait, dit-elle, même si Hodge habite à votre porte, et nous espérons que Satan n'a aucun pied dans le quartier. Mais comme nous sommes profanes ! Comme le chanoine Tremenheere serait choqué s'il nous entendait ! À propos, savez-vous que le mari de sa sœur Julia est mort... après quelques semaines de maladie ?

« À quoi pouvait-elle s'attendre lorsqu'elle se remarierait ? »

«C'était un homme fort et elle était très malade. Quels chagrins elle a eu !

« Des chagrins ? Et si c'est le cas, elle a eu aussi de grandes joies.

« Ô Clotilde ! Eh bien, espérons que cela la consolera maintenant. Pensez-vous que cela vous consolerait ?

'Moi? Comment puis-je le dire, Anna ? Je ne connais ni l'un ni l'autre, je n'ai eu ni l'un ni l'autre. Le superlatif n'entre pas dans mon expérience de la vie.

« Alors, c'est ta faute, ma chérie, » dit Anna avec mélancolie. « La vie est ce que nous en faisons. La joie ne viendra pas spontanément ; il faut aider à préparer le terrain, sinon il n'y aura qu'une plante adventice qui se fanera au soleil. Les joies de l'un sont les soucis de l'autre. Je suppose que papa et les enfants s'occupent de toi.

Mme Severn resta silencieuse. Anna se tourna et, appuyée contre la fenêtre, regarda le jardin. Son éclat du milieu de l'été s'était estompé avec le soleil et l'enchevêtrement de fleurs, manquant les caresses de la brise et du vent. le soleil et les abeilles, avaient l'air sobre et honteux. C'est du moins ce qu'elle pensait. Une douceur rosée flottait au-dessus, flottant jusqu'à elle dans des bouffées semblables à de l'encens. Le paysage devenait neutre. Au-dessus de la vallée s'étendait, sous ses yeux, une brume de fumée bleue provenant d'une maison près du ruisseau, au coin où elle débouchait dans le Woss.

'M. Borlase est passé vers six heures, dit soudain Mme Severn. Elle scruta Anna pendant qu'elle parlait.

«Il irait à Wherndale. Peut-être qu'il viendra dîner en rentrant chez lui. Papa sera bientôt de retour.

« Vous pourriez le laisser voir bébé, elle a été agitée. Mais John ne rentre pas ce soir. J'ai reçu une note du bureau ; il est parti en Écosse pour affaires, quelque chose d'important s'est produit, et rien ne satisferait l'amiral s'il ne partait immédiatement. Et il y a une lettre de Rocozanne, d'Ambrose, quelque part, dit-elle. » ajouta vaguement en fouillant les plis de sa robe de chambre. Comme cela ne servait à rien, elle se releva, et, tout en secouant ses draperies, la découvrit par terre. Anna l'a ramassé. Cela lui était adressé. Elle le retourna, s'attendant à moitié à trouver le sceau brisé. Mme Severn avait eu l'habitude d'ouvrir toutes les lettres de Rocozanne jusqu'à récemment, lorsqu'Anna avait fermement protesté. Mais celui-ci était intact.

« Pourquoi ne l'avez-vous pas envoyé ? dit Anna. « Depuis combien de temps l'avez-vous ? Tu aurais pu le jeter quand tu m'as entendu dans le jardin. Vous avez dû m'entendre là-bas.

« Il était joint et je l'ai oublié. La nouvelle de John m'a bouleversé. Vraiment, l'Amiral pourrait avoir une petite considération pour moi. Maintenant, lis la lettre, Anna. Des nouvelles de Rocozanne ? Je suppose que le yacht des Kerr ne sera pas encore arrivé à Jersey ; ils n'ont pas pu voir Miss Marlowe ?

'Oh mon Dieu, non ! Ils partaient seulement Zante le 15. Mais je n'ai pas le temps de le lire maintenant, dit Anna. Les reproches avaient allumé un éclat inattendu sur tout son visage, et elle regardait Mme Severn avec des yeux qui brillaient soudain d'une colère finement contrôlée. « Tout le monde est occupé à cause du foin et je vais accompagner les enfants au lit. Venez, les enfants, embrassez maman. Quoi, Joan, tu choisis un paquet ?

Elle s'agenouilla pour que Joan lui serre le cou, puis, mettant ses petites grosses jambes sous ses bras, se leva et se dirigea vers le palier. Joan n'était pas trop fatiguée pour gargouiller de rire pendant le jogging. Les autres coururent après eux, après avoir déposé des baisers au hasard sur le visage et la gorge de Mme Severn. Ils ont laissé la porte grande ouverte malgré qu'elle leur ait demandé de la fermer.

« Netta, Jack, Jack », appela-t-elle. Mais ils étaient indifférents.

Elle les regarda traverser le palier en courant et écouta les gens mourir dans un passage rempli de marches et de voix. Puis une porte a claqué, soulevant des échos réverbérants dans la vieille maison décousue, et quand ils s'éteignirent, tout était calme. Elle se leva et ferma elle-même la porte. En traversant de nouveau la pièce, elle ne s'arrêta pas devant le lit de son bébé, mais s'approcha du miroir et resta quelques instants devant lui, pensant combien ces draperies blanches et amples mettaient admirablement en valeur ses cheveux noirs et ses yeux sombres. Elle avait la forte impression qu'elle aurait dû être une prophétesse ou une chanteuse tragique. La nature avait négligé ses propres opportunités. Il y a une différence entre être créé et être une création.

CHAPITRE II

UNE SOIRÉE D'ÉTÉ

Une heure plus tard, Anna traversait les drapeaux en lisant la lettre d'Ambrose Piton. C'était long et elle resta quelque temps absorbée par cela, mais finalement elle le plia et le glissa dans sa poche avec un soupir de soulagement décidé. Puis, remontant l'échafaud, elle sauta dans le pré.

A ce moment, elle entendit le bruit d'un cheval qui galopait sur la route. Il s'est arrêté et une porte a claqué, puis s'est effondrée avec un fracas qui a réveillé les chiens. Elle savait que ce devait être M. Borlase. Debout sur la pointe des pieds, elle regarda à travers la haie, s'attendant à ce qu'il se dirige vers l'écurie.

Mais il ne l'a pas fait. Il scruta le jardin et les champs, et voyant la lueur de sa robe blanche entre les barreaux du montant, il monta à cheval et se dressa sur ses étriers, regardant par-dessus. Ses yeux rencontrèrent les siens avec un regard rieur de défi.

'Ne parle pas. Permettez-moi d'anticiper votre remarque. Je le sais", a-t-elle déclaré.

« Vous pouvez vous attendre à tout ce qui est agréable. »

« L'herbe est rosée, vos pieds seront mouillés, Miss Hugo. »

Il rit, jetant un coup d'œil à la tête de son cheval et enlevant une mouche de son oreille, puis à nouveau vers elle avec un rapide regard d'admiration en coin. C'était perdu pour elle car elle se tenait sur le montant et surveillait ses chaussures.

«Ils sont mouillés», dit-elle.

« Bien sûr qu'ils le sont. Vous devez les enlever immédiatement.

« Si tu n'étais pas venu, j'aurais fait une promenade par le pont.

"Eh bien, tu ne vas pas marcher maintenant et tu dois les enlever."

« Oui, je le ferai, directement ; » puis en caressant son cheval, elle ajouta : « Ma sœur veut que tu voies bébé, au moins elle l'a fait il y a une heure. Elle vous a vu passer, dans le Dale, je suppose.

"Maintenant, Miss Hugo, il ne devrait pas y avoir toute cette différence entre *instantanément* et *directement* ", a déclaré Borlase. Il descendit de cheval, lui retira la main de l'encolure et s'interposa entre eux. « Dois-je patienter pendant que vous parlez à Mme Severn ? »

« Et changer mes chaussures ? Alors vous n'avez pas besoin de rêver d'un nouveau patient indiscipliné à Old Lafer. Je serai très heureux si tu restes dîner, mais papa est absent.

Ils avaient atteint la porte. Sans attendre de réponse, elle monta les marches en courant et disparut.

Borlase regardait fixement le hall, où alternaient chaux et chêne noir. Par une porte ouverte au fond, il entendit Elias lire à haute voix à Dinah, qui s'affairait entre la cuisine et la laiterie, ou se glissait dans ses sabots et s'enfonçait dans la cour ou dans les bâtiments. Il lisait à haute voix tous les soirs et elle ne cessait jamais de travailler pour l'écouter. Borlase avait souvent ri en pensant à l'extraordinaire fouillis de faits raccourcis avec lesquels son esprit devait être emmagasiné. Mais ce soir, il n'était pas d'humeur à rire. Au contraire, leur simplicité lui paraissait pathétique. Nos propres humeurs influencent les actions des autres et il se sentit soudain déprimé et déçu. Non seulement il hésitait à passer la soirée au Vieux Lafer, mais Anna avait été loin d'être timide lorsqu'elle le lui avait demandé. Il était inutile d'avoir exercé sur elle cette délicieuse autorité en matière de chaussures. Elle ne lui en voulait ni ne l'encourageait quoi qu'il fasse. Ses pouls avaient été agités par le contact de sa main, un contact qu'il avait désiré rendre significatif. Elle l'avait pris comme une évidence. Ne comprendrait-elle jamais ce qu'il attendait d'elle ?

Et maintenant, elle réapparut.

«Tu ne dois pas voir bébé», dit-elle à mi-chemin dans les escaliers. « Mais entrez, n'est-ce pas ?

— Pas ce soir, dit-il en faisant le tour de son cheval pour resserrer les sangles de sa selle. Il leva involontairement les yeux vers les fenêtres de la chambre de Mme Severn. Mais personne n'était visible. Il avait pourtant l'impression qu'ils étaient surveillés.

«J'ai une nouvelle chanson qui convient parfaitement à ma voix. Clothilde va l'accompagner, dit Anna.

"J'attendrai jusque-là pour l'entendre."

«Je pensais que vous n'aimiez pas ses accompagnements.»

— Ce n'est pas le cas, en règle générale. Mais de toute façon, cela ne veut pas dire grand-chose.

« Je vous ai entendu déclarer que tout, le plus insignifiant, devrait avoir une signification déterminée dans un sens, » dit Anna après une petite pause d'étonnement.

"C'est ce que j'ai fait, je crois."

« Et je sais que vous avez un grand mépris pour l'incohérence.

'Oui.'

« Vous avez dit un jour que c'était la marque de notre nature humaine. »

« Je devais être d'humeur grandiloquente ou dogmatique. Peut-être que je le suis souvent. Cependant, c'est vrai. C'est aussi son fléau, et j'avoue que j'en suis coupable.

"Oh non, je ne pense pas. Je sais que vous préférez vraiment le piano avec le chant au violon ou à la guitare, mais vous êtes harcelé pour quelque chose, une mauvaise affaire peut-être, et vous n'aimez aucune sorte de musique ce soir. Pardonnez-moi de vous taquiner un peu.

Il y avait une musique dans son ton qui lui tenait à cœur ! Elle se tenait debout sur les marches, les mains derrière elle, et après s'être occupé de la selle à un point qu'il savait ridicule, il se tourna et lui jeta un coup d'œil. Elle examinait d'un œil critique son travail; étant capable de monter elle-même au galop à dos nu, elle comprenait à la fois les principes du cheval et de l'équipement. Il la regarda, inaperçu. Cela a fait couler le sang de son visage. « Comme elle m'est merveilleusement chère ! pensa-t-il, et il était reconnaissant de pouvoir y penser de manière cohérente. Il avait encore du pouvoir sur lui-même lorsqu'il pouvait mettre ses connaissances en mots. Il y réfléchit aussi. Elle était simple, elle était petite – ce n'était pas la femme idéale de ses rêves. Mais sa femme idéale avait disparu depuis longtemps, et à sa place – il savait bien quand – était venue Anna Hugo avec son visage aux sourcils épais et à la mâchoire carrée, sa masse indisciplinée de cheveux noirs et grossiers, ses yeux profondément enfoncés et scrutateurs, et ce jeu d'expression qui le poussait à vouloir connaître chacune de ses pensées, parce qu'il lui en montrait tant. Se préparant à monter, il lui jeta un nouveau coup d'œil.

Cette fois, leurs regards se croisèrent. Les siennes étaient éloquentes et d'une gentillesse sans gêne. Son avait un air affligé auquel la maîtrise de soi donnait une dureté qui ne lui était imputable que selon une seule présomption. Il était certainement en difficulté. Ils étaient amis, elle pourrait peut-être donner une tournure plus légère à ses pensées.

«Laisse-moi marcher jusqu'à la porte avec toi», dit-elle. « Je veux entendre parler de votre trajet. »

Il la lisait comme un livre et souriait de la naïveté de ses arts. Pourtant, comme elle pouvait être cruelle parce qu'elle pensait plus aux autres qu'à elle-même ! L'usage avait renforcé sa nature originelle en lui liant sa seconde nature. Elle a arrangé, réconforté, discipliné, s'est liée d'amitié avec toute la maison du Vieux Lafer ; et lui, qui savait de quels éléments contradictoires il s'agissait, savait aussi qu'elle s'était perdue de vue dans ses efforts déterminés pour les conduire à l'unité et à la concorde. Cela l'avait rendue vieille pour son âge, et elle traitait inconsciemment comme plus jeunes ceux qui étaient plus âgés qu'elle, un grief avec dont il l'avait accusé une fois. Mais elle n'avait pas compris. Le froncement de ses sourcils alors qu'elle y réfléchissait le fit enfin rire. Il lui dit que l'émotion devrait lui apprendre ce qu'il voulait dire, et la question de savoir qui susciterait cette émotion l'avait depuis inquiété.

Borlase était allé aux Mires pour voir le vieux Hartas Kendrew. C'était un nom qui obscurcit le visage d'Anna pendant un moment et lui fit éviter de la regarder en le prononçant. Mais l'instant d'après, elle se tourna vers lui avec le plus éclatant des sourires.

« Avez-vous déjà entendu parler de l'enterrement auquel lui et sa femme sont allés une fois ? dit-elle. « C'était à l'époque où les enterrements étaient des enterrements et se terminaient par du rhum. Il avait plu toute la journée et les eaux étaient épuisées. Jinny et Hartas ont dû se croiser. Ils montaient en passager et ils étaient tous les deux somnolents, et il était confortable de savoir que le cheval trouverait son propre chemin pour rentrer chez lui. Ils ont oublié le bec serait dehors et ne pourrait pas entendre son rugissement à cause du vent. Soudain, Jinny se réveilla, ayant très froid et disant "Pas un drap de plus, merci gentiment, pas un drap de plus." Ils étaient dans l'eau, et c'était le flot à leurs lèvres, pas un autre verre de rhum.

« Mon Dieu, quel rasage ! Est-ce qu'ils sont sortis ? dit Borlase.

'Oh non! tous deux ont été emportés et noyés.

« Mais Hartas… ?

'Oui. Il a vécu pour raconter cette histoire.

« Alors sa femme s'est noyée ? Eh bien, il a fait preuve d'ingéniosité en s'enfuyant.

'Non.'

Borlase se réveilla soudain et se sentit perplexe. Il regarda Anna avec méfiance, marchant sans souci à côté de lui, la tête détournée.

« Alors pourquoi as-tu dit qu'ils l'étaient ? » Il a demandé.

"Pourquoi as-tu demandé, alors que tu en avais vu un d'eux en chair et en os il y a une heure ? dit Anna en riant.

Borlase resta silencieux. L'accusation était trop évidente ; un autre point pour la dissection de sa conscience intérieure.

"L'imagination se dirige toujours vers une catastrophe plutôt que vers la bonne fortune", a déclaré Anna.

— Pas toujours, dit sèchement Borlase. "Je n'aurais jamais imaginé que sur la lande ce soir, M. Severn serait absent après le marché de Wonston et que je ne pourrais pas passer la soirée avec vous."

'Mais pourquoi pas?' dit Anna. «Je vous l'ai demandé et je vous ai parlé de ma nouvelle chanson. Je pensais qu'en refusant, vous étiez pressé de rentrer chez vous.

« Si j'avais été pressé de rentrer chez moi, j'aurais dû y être maintenant. »

Ce fut au tour d'Anna de se taire. Ses ressources semblaient soudain épuisées, la dispute atténuée.

Ils avaient atteint la porte. Borlase J'ai tâtonné avec le moraillon, essayant de m'assurer quelques instants de réflexion. Il connaissait Anna depuis de nombreuses années et pendant la majeure partie de cette période, il l'avait aimée. Mais il avait résolu de ne pas lui demander de devenir sa femme tant qu'il ne serait pas son propre maître. À l'heure actuelle, il était toujours en partenariat avec le principal médecin de Wonston, mais dans un an, le partenariat expirerait et il serait indépendant et en mesure de lui offrir une maison qu'il jugerait digne d'elle. Lorsqu'il était venu chez Old Lafer ce soir, il n'avait pas eu l'intention de précipiter les choses, mais il se sentait maintenant invité à ne pas manquer cette occasion, aussi inattendue et tentante soit-elle. Il la regarda avec le ressentiment du désespoir. Elle regardait de l'autre côté de la route les profondeurs fougères d'une plantation de chênes où le crépuscule donnait aux panoramas une quiétude onirique. Comment pouvait-elle être aussi calme alors qu'il était si surmené ? Ne percevrait-elle jamais ses sentiments ? Quelle aide un peu de timidité dans ses manières serait d'un grand secours ! Il craignait que la parole ne perde son amitié et ne gagne rien à sa place, mais plus encore que sa propre inaction ne paralyse sa résolution et ne le déshomme.

« Elle me refusera ; peut-être qu'une seconde fois elle m'accepterait, pensa-t-il. « Plutôt que de lui faire du tort, à elle et à moi-même, plus longtemps en n'affrontant pas la vérité, je vais être viril et lui demander franchement ; en tout cas, ça lui fera penser à moi.

Il ouvrit le portail et elle s'avança avec un sourire pour lui serrer la main. Il se tourna brusquement. Il y avait sur son visage une expression qu'elle n'avait jamais vue auparavant. Elle resta figée, le regardant involontairement, à peine consciente que son regard inquisiteur était entièrement concentré sur elle et exprimait un sérieux qui l'instant d'après lui parut extrêmement pathétique chez un homme. À ce moment-là, la tension de sa silhouette se détendit, des couleurs vives envahirent son visage, ses yeux tombèrent, voilant des larmes insoupçonnées. C'était sa première prise de conscience et ça l'a remué elle inexprimablement, ravie jusqu'au plus profond de son cœur. Elle sentit plutôt qu'elle n'entendit qu'il s'approchait d'elle. Elle avait agrippé le portail d'une main, car la montée de cette nouvelle vague de sentiments était si soudaine qu'elle en avait le vertige, le monde nageait devant elle. Sa voix, avec un ton nouveau dont la vibration semblait donner vie à la musique – la musique de l'amour, du mariage, de la compagnie de toute une vie – lui parvenait comme dans un rêve. Il parlait, toujours avec ce regard de dévotion ardente fixé sur elle. Ce n'était pas un rêve. Elle a entendu, elle a vu.

Mais c'était tout ce soir.

La voix de Mme Severn s'interrompit au milieu de son discours enthousiaste. Tous deux l'entendirent et se tournèrent, surpris.

« Anna, Anna ! » elle a appelé.

Elle se tenait à sa fenêtre ouverte, lui faisant signe. Anna était alarmée, mais Borlase se méfiait.

« Ne pars pas, dit-il en lui saisissant la main.

'Je dois. Elle me veut.'

"Oh Anna, moi aussi. Mais ce sera une nouvelle habitude pour toi de me vouloir. Eh bien, j'attendrai.

« Jusqu'à ce que j'aille et vienne ?

"Juste comme ça", dit-il en riant joyeusement.

Mais elle rougissait déjà à ses propres mots, et son rire, libérant comme il semblait libérer sa propre émotion sauvage et son abandon, la fit se replier sur elle-même.

'Oh! pas ce soir. Comment pourrais-je revenir ce soir ? Il se fait tard, il est… » dit-elle de manière incohérente en arrachant sa main de la sienne.

Pas avant qu'il ne se soit penché près d'elle.

«Mais *j'attendrai* . Je l'ai fait et je le ferai de toutes les manières", dit-il dans un murmure. Elle lui lança un regard précipité, brumeux ; un sourire en larmes ; l'a dépassé et est parti.

Il s'appuya contre le portail, observant et attendant, scrutant la maison. Mme Severn avait disparu. Personne n'était visible. Le crépuscule tombait. Une chauve-souris voltigait autour de lui. Le le murmure du bec dans l'air doux et calme était à chaque instant plus clair alors qu'il chantait sa « mélodie douce » aux « bois endormis ». Elle viendrait sûrement.

Mais elle ne le fit pas, et bientôt il monta à cheval et partit.

CHAPITRE III

BORLASE EST ABSENT

Borlase a commencé par être en colère et par rouler fort. Il était certain que l'interruption de Mme Severn avait été délibérée. Il était peu probable qu'elle se montre amicale envers quiconque souhaitait voler au vieux Lafer Anna, qui était l'huile de la machine domestique. Mais il pensait qu'il devrait rapidement la déjouer à moins qu'elle ne développe une capacité à s'attirer des ennuis.

Peu à peu, son rythme ralentit. Le souvenir de la timidité soudaine dans les manières d'Anna le consola. Il était sûr qu'elle avait enfin tout compris. Cela a suscité l'espoir et teinté sa non-apparition d'un sentiment encourageant. construction; elle n'aurait pas pu revenir, car ce serait courtiser son intention. Plus il réfléchissait, plus il était convaincu qu'il avait banni la vieille Anna qui allait et venait sans penser à elle-même. En tant que telle, elle avait été délicieuse, mais son pouls battait à l'idée qu'elle le serait encore plus maintenant. Qu'il l'ait à nouveau pour lui seul et aucune puissance mortelle ne devrait lui refuser cette opportunité. Son image semblait bouger devant lui pendant tout le chemin du retour. Les tons de sa voix, ses petites astuces de discours et de gestes étaient photographiés dans son esprit. Elle avait porté un bouquet de pois de senteur autour de son cou, comme ils étaient doux ! Il passa en revue toutes les alternances de son humeur ce soir-là, et tandis qu'il se rappelait comment sa gentillesse s'était enfin muée en timidité, son cœur fit un bond. Il lui parlerait bientôt et, dans un an, ils seraient mariés.

Ainsi sa balade se termina lentement avec un affaissement maître, et il ne fut réveillé que par le son de onze heures de l'horloge de la cathédrale alors qu'il entrait dans Wonston.

Il aurait dû passer par un cottage à East Lafer, et il ne savait pas qu'il avait traversé le village – oui, il l'avait pourtant traversé ; son cheval avait hésité devant les oies endormies sur le green et il se souvenait s'être retourné pour apercevoir le dernier aperçu des lumières scintillantes du vieux Lafer. Pourquoi diable avait-il oublié le pauvre garçon souffrant qui l'attendait ? Quant aux allées aux marges herbeuses où il galopait habituellement, aux plantations évoquant la chasse au faisan, aux navets venant en sens inverse où les perdrix se cachaient, il n'en avait vu aucun. Le charme du paysage flou, la fraîcheur de l'air nocturne, avec ses bouffées de douceur du chèvrefeuille jeté çà et là en nappes mousseuses sur l'érable et le houx des haies, étaient pour une fois passés inaperçus.

Il avait en effet tout oublié en pensant à Anna, comme il s'en rendit compte lorsqu'il dans sa propre maison. Une femme de chambre endormie l'accueillit dans le couloir pour lui annoncer qu'un garçon des Mires attendait des médicaments depuis une heure. Il l'a trouvé au bloc opératoire, assis sur une chaise derrière la porte , les jambes pendantes et sa casquette tenue entre ses genoux. Il avait complètement oublié les besoins du vieux Hartas Kendrew et le fait qu'il avait ordonné à un messager de venir, il ne pouvait donc pas s'excuser d'avoir négligé le talent qu'avaient ces dalesboys pour parcourir trois ou quatre milles au point de surjet. Il siffla doucement tout en recherchant les médicaments nécessaires et en les mélangeant dans un mortier. Il était certain qu'un médecin n'avait rien à faire d'être amoureux. Il ne se souciait pas beaucoup du vieux Kendrew, mais s'il n'avait pas été dix heures moins que l'homme d'East Lafer dormait, il serait revenu au galop pour le voir. Le vieux Kendrew était un misérable pécheur dont il lui ferait plaisir de signer n'importe quel jour l'acte de décès. Il n'était pas seulement un scélérat ivre et chérissait un il détestait ouvertement les relations honnêtes, mais il connaissait un ou deux faits déshonorants liés à la famille que, pour l'amour d'Anna Hugo, Borlase souhaitait honorer particulièrement. Borlase savait bien qu'il y avait des éléments de méfaits désastreux dans le caractère de Mme Severn et soupçonnait que Kendrew le savait également. Elle avait quitté Old Lafer à plusieurs reprises pendant quelques semaines et était restée au cottage de Kendrew aux Mires. Là, elle s'était dégradée par intempérance. Cela rendait pratiquement impossible que Kendrew n'ait pas les connaissances et le pouvoir de répandre un scandale quand il le souhaitait. Connaissant cet homme, il était inexplicable qu'il ne l'ait pas déjà fait. Quelque temps s'était écoulé depuis sa dernière visite aux Mires ; et Borlase savait qu'à présent on ne parlait guère d'elle qu'en admirant son apparence et ses dons musicaux. Ses vieux monstres, si on y faisait allusion, étaient considérés comme amusants, comme l'une des irresponsabilités du génie. Le péché impliqué était, il en était convaincu, insoupçonné là où il n'était pas, comme dans son cas, définitivement connu. Dinah Constantine le lui avait dit. Cela l'avait intéressé psychologiquement, joint à sa connaissance professionnelle de son physique et de son caractère.

« Et comment était Hartas quand tu es parti, Jimmy ? » demanda-t-il en repliant la bouteille.

« Seigneur, monsieur, je suis parti juste après que vous soyez parti vous-même, donc il ne pouvait pas s'aggraver ni s'améliorer, mais je sais qu'il jurait horriblement. Je l'ai entendu pendant que Scilla me parlait de médecine... il jurait horriblement !

Borlase rit.

« Il a juré, n'est-ce pas ? il a dit. « C'est son principal reproche, Jimmy, à vrai dire. Cela vient du fait de *ne pas* dire la vérité. Un homme se bouche la gorge avec des mensonges et des serments pour les étayer jusqu'à ce qu'une maladie morale s'en empare, et il ne peut plus rien dire d'autre, et quand il boit et reçoit également du DT, les maladies morales et physiques agissent les unes sur les autres jusqu'à ce qu'il soit une masse de corruption, d'âme et de corps. Faites attention de ne jamais jurer, mentir, braconner des tétras et tirer sur les gardiens comme l'ont fait Hartas et son garçon. Kit est en prison, vous savez, pour un séjour au Moulin, et Hartas est dans une situation encore pire, car il repose maintenant dans une camisole de force. Gardez à l'esprit que vous êtes toujours honnête envers les pouvoirs en place et que vous adressez votre casquette à l'amiral et à Miss Marlowe.

Les yeux de Jimmy brillaient de respect. Ce qu'il n'a pas compris dans ce discours était encore plus impressionnant que ce qu'il a compris. « Hartas dit qu'il se vengera de l'amiral pour avoir envoyé Kit au Moulin, il dit qu'il le fera un de ces jours, monsieur. C'est ce dont il s'extasie, et il appelle aussi Miss Cynthia et Lias Constantine pour... »

'J'ose dire. Pour avoir dit la vérité ? dit Borlase en hochant la tête.

"Eh bien, il a été témoin qu'il les avait tous les deux vus tuez les oiseaux et posez de nouveaux pièges. Puis il mêle Mme Severn et... »

— Oui, oui, dit précipitamment Borlase, c'est un vieux gaffer capricieux, possédé par une soif de vengeance contre la loi et contre ceux qui la font respecter. Nous détestons tous être découverts en train de commettre un péché plus que le péché lui-même, je le crains. Maintenant, rentre chez toi et dis à Scilla de garder son cœur, il s'en sortira.

— Elle préférerait qu'il ne le fasse pas, dit Jimmy en ouvrant sa veste et en boutonnant le flacon de médicament dans sa poche de poitrine. Il ajusta sa casquette en la poussant à plusieurs reprises sur sa mèche de cheveux roux et saisit un lourd bâton qui avait été calé dans un coin.

"Le discours de Hartas m'a fait sentir ça bizarre au fond de moi, monsieur," dit-il avec un regard astucieux et à moitié humoristique, "que j'étais presque certain qu'il y aurait un tourbillon de bogies sur la lande et je viens d'apporter ceci pour frapper l'air avec.

Borlase aurait souri si Jimmy ne l'avait pas observé avec une audace née du soupçon qu'il pourrait le faire. Et après tout, de quoi pouvait-on sourire ? Jimmy Chapman était un brave petit garçon, et c'est sa prise de conscience des pouvoirs des ténèbres dans la personne d'un ivrogne et d'un blasphémateur qui a peuplé pour lui la lande de surnaturel. Lorsque Hartas Kendrew souffrait de delirium tremens à la suite d'une beuverie, son invocation du diable et de ses agents était un élément si réel dans la vie des hommes des fosses des Mires que ses délires devaient engendrer la croyance, même réticente, en la probabilité. de démons et de bogies répondant. Si les Mires avaient été un hameau respectable et que sa population avait une moralité saine et des principes craignant Dieu, la lande de minuit n'aurait pas connu de terreurs, car le bien aurait eu la prédominance sur le mal.

Le moule qui nous fait, c'est les circonstances. Borlase savait qu'il avait fait Kit Kendrew était un braconnier lorsque sa femme est tombée malade de la fièvre. À l'épigramme selon laquelle « rien n'est sûr que l'imprévu », il pensait pouvoir ajouter « ou plus puissant ». Cela avait été le cas dans le cas de Kit. Jusqu'au moment de son mariage, il avait été un garçon sauvage, soupçonné d'infractions plus nombreuses et plus graves que celles qui lui avaient été attribuées, mais aussi ouvert et bon cœur. Ceux qui abhorraient Hartas, le considérant comme maléfique et irrémédiable, jetèrent de nombreuses pensées bienveillantes sur Kit ; il aurait des ennuis ne serait-ce qu'à cause de son esprit audacieux, et ce serait mille fois dommage. Lorsqu'il s'est marié, beaucoup ont prophétisé que cela le sauverait. Priscilla était infirmière à Old Lafer et une bonne fille d'école. Mais elle a perdu son bébé et est tombée malade alors qu'un hiver rigoureux était à son paroxysme. Il n'y avait pas d'extraction de charbon à faire, car les landes étaient enneigées. Kit l'aimait passionnément et la soignait avec dévouement. Il fut consterné de trouver ce thé et ce porridge ne la rendrait pas à la santé. Des gourmandises ont été commandées, elle doit suivre un régime fortifiant. À cette époque, toutes les circonstances étaient contraires à l'honnêteté.

Borlase, regardant autour de lui et constatant avec appréciation la propreté et l'ordre exceptionnels de la maison, n'aurait jamais imaginé que l'extrême pauvreté se cachait ici. Il lui restait à apprendre que ce sont souvent les plus pauvres qui font le plus d'efforts pour paraître les moins bons, et qu'il y a des femmes qui ont le col propre autour du cou quand elles n'ont pas un pain dans le placard. Les Marlowe étaient absents, et il n'y avait pas de soupe populaire au Hall cet hiver-là pour les ouvriers du domaine qui voulaient en profiter, et pas de Miss Cynthia pour s'enquérir de sa femme, de son mari ou de ses enfants et prendre des notes sur les nécessités de la vie. un petit carnet de maroquin, que beaucoup connaissaient bien et avaient raison de bénir. Anna Hugo était également absente pour une de ses visites à Rocozanne. Il n'y avait personne pour se lier d'amitié avec eux. Il était inutile d'aller chez Mme Severn ; et son cœur était blessé au souvenir des diverses rebuffades dans ses fréquentations qu'il avait eues de la part de Dinah Constantine. Dinah avait pensé que Priscilla se jetait ; elle connaissait sa valeur et hésitait à perdre ses services. Plus il devenait désespéré, plus il hésitait à demander de l'aide.

Un jour, alors qu'il revenait de Wonston avec des médicaments, son chien attrapa un lièvre dans une haie. Il l'a empoché et a préparé de la soupe à Scilla. C'était avant l'époque des Ground Game Acts, où toucher un lapin dont le terrier se trouvait sur un terrain loué par un homme était une pénalité. Kit a d'abord attrapé quelques lapins. Presque tous les hommes des Mires faisaient de même et l'amiral le savait. Mais ils l'ont fait d'une manière maladroite qui ne faisait craindre aucune déprédation plus ambitieuse. Kit, cependant, s'est vite rendu compte qu'il y avait un art dans cette pratique et un risque de réchauffer le sang dans sa pratique. poursuite. Cet hiver-là, la saison des tétras venait juste de se terminer, mais il y avait d'autres oiseaux dont la période de fermeture n'était pas aussi strictement préservée. Au moment où Priscilla redevint forte, il avait acquis une compétence qui l'absorbait et avait consacré toutes les ressources de son esprit à son succès en tant que métier. Elle ne savait rien, mais Hartas savait tout. Ils entreposaient leurs déblais dans un dub dans la lingue près de la mine de charbon, et l'hiver suivant, ces déblais étaient des tétras.

Puis vinrent la suspicion et la vigilance de la part des gardiens, combinées une nuit à une vilaine bagarre au cours de laquelle des fusils furent utilisés et un homme fut tué. Les contrevenants se sont cependant libérés et n'ont pas pu prêter serment. Kit savait que la police était en alerte et ne permettrait pas à son père de courir des risques. Ils restèrent tous les deux silencieux pendant un moment, et Kit, sans l'excitation qui le gagnait, était un homme misérable. Hartas avait la paume qui démangeait mais Kit le sang jeune. Il faut faire et oser. Et il l'a fait, une fois de trop. Il réussit à échapper aux gardiens et pas une âme aux Mires ne l'aurait trahi ; mais Elias Constantine, suivant une allure de mouton que M. Severn avait adoptée à son insu, regarda par-dessus un mur alors qu'il était en train de sortir un oiseau de lande du piège. Pour Elias, dont le respect pour la loi et toutes les institutions usées par le temps était inné et sans limites, il semblait qu'il était un instrument entre les mains de la Providence pour traduire le délinquant en justice. Il y avait là des tétras, et des tétras de l'amiral, qui allaient par dizaines dans le sac d'un braconnier ! C'était là aussi, selon toute probabilité, l'homme qui avait tiré le coup de feu qui avait tué le sous-gardien. Si cela n'avait pas été un meurtre, c'était un homicide involontaire. Il observa pendant un certain temps le processus scientifique, le démêlage des pattes des oiseaux de l'astucieuse boucle métallique, les battements des victimes épuisées, la torsion finale du cou, la remise en place des collets.

Puis il fit signe à son colley. Un saut par-dessus le mur, une course à travers la lingue et le chien était à la gorge de l'homme et l'entraînait au sol !

Tout était fini pour Kit et il le savait. Il en ferait également preuve de netteté à propos de ce coup de feu, quelles qu'en soient les conséquences. Mais il a réussi à sauver son père, occupé au doublage, par un coup de sifflet d'avertissement. La faible lumière du matin a couvert la fuite de Hartas. Mais

Kit fut livré à la colère d'un banc scandalisé de magistrats conservateurs du gibier et de là à un procès devant juge et jury. Ils lui ont infligé toute la peine de la loi, sur déclaration de culpabilité d'homicide involontaire.

CHAPITRE IV

La joie et le chagrin se donnent la main

La place du marché de Wonston était les jours de marché une scène animée. Il était rempli de stands et d'étals, et rempli de gens de la campagne avec leurs produits et de citadins avec leurs bourses. Aux beaux jours, les parasols rivalisaient d'éclat avec les étals de fleurs et de fruits. Beurre et œufs, poteries, viandes et maïs étaient exposés dans des paniers ou sur les pavés. Dans un coin se déroulait une vente aux enchères, dans un autre un vendeur de médicaments brevetés criait à une foule de clients bouche bée et sans enthousiasme, qui fouillaient leurs cuivres et se massaient la cervelle pour s'assurer que ses marchandises répondre à leurs propres plaintes, ou à celles de Ben ou de Sally à la maison. À travers la foule, avec ses changements kaléidoscopiques de couleurs et d'action, des dragues et quatre excursionnistes se frayaient un chemin en klaxonnant ; ou bien un omnibus rouge ou jaune, chargé à nouveau à sa hauteur de paniers à volailles, avançait lentement. Au milieu s'élevait la croix de la ville, un obélisque sur des marches, avec le cor civique en bandoulière à son sommet et un canon de Crimée à sa base. Le soleil brillait partout, blanchissant les auvents du stand et donnant une gaieté éblouissante à l'ensemble de la scène.

La vieille ville endormie s'est réveillée ces jours-là. Sa stagnation normale sur tous les sujets, à l'exception des affaires de son voisin, disparut et il se livra à merveille à la dissipation des déplacements, des dépenses et des connaissances. Tout le monde était content de voir tout le monde, ce qui contribuait à la vivacité générale ; et bien que tout le monde ne se soit pas incliné devant tous ceux devant qui, sous une pression gênante des circonstances ils auraient pu être introduits, il y avait certainement moins d'arc des paupières ce jour-là que n'importe quel autre. C'était une récolte d'argent et d'esprit. Des caisses gémissantes ensuite versées aux banques ; les esprits repus donnaient leur surplus d'argent à leur morale. Tout n'était que source d'impression ou de profit.

Un de ces jours, Borlase se tenait devant la mairie et discutait avec un ami. C'est plus tard dans l'année que la chasse aux tétras-tétras fut désormais abandonnée pour les perdrix, *à propos* des chaumes et des navets. Il venait d'exprimer son opinion lorsque M. Severn l'appela du marché aux grains d'en face et traversa la route.

M. Severn n'avait visiblement pas beaucoup vieilli au cours de ces années depuis son deuxième mariage. Il était toujours debout et ses cheveux noirs présentaient peu de gris ; mais Borlase, avec ses habitudes d'observation et sa connaissance des faits, savait aussi que sa gaieté était toujours, dans une certaine mesure, assumée. Son visage, quand au repos, il était triste et il se réveillait souvent avec effort après avoir pensé à une pensée déprimante. Cette expression était frappante lorsqu'il se tenait à côté de Borlase, dont le visage était singulièrement heureux et optimiste. Sa taille éclipsait Borlase, dont les pouces étaient à peine au niveau de la moyenne et le paraissaient moins en raison de la largeur de sa poitrine et de son bon développement musculaire. Les deux hommes se serrèrent la main en souriant ; les yeux perçants de l'un et les yeux calmement perspicaces de l'autre rencontrèrent une véritable sympathie. Borlase ne connaissait personne vers qui il admirait dans tous les sens avec plus de confiance que M. Severn, qui, de son côté, trouvait du réconfort en sachant qu'il n'ignorait pas des faits de sa vie familiale dont le monde n'avait que connaître. de vagues soupçons et qu'ils lui avaient assuré, ainsi qu'aux siens, la fidèle sympathie d'un cœur moins chargé.

« Eh bien, Borlase, dit-il, tu es un parfait étranger, je ne sais pas quand nous t'avons vu. J'ai appelé une ou deux fois, et tout le monde est sorti ? Peuh! ça ne compte pas. Maintenant, je venais juste te demander un service. Serez-vous parrain de ce bébé que nous allons baptiser la semaine prochaine ? Elle doit s'appeler Deborah Juliana, du nom de Mme Marlowe. C'est un nom qui a failli tuer ma femme, mais nous ne pouvions pas ignorer un caprice de Mme Marlowe. Elle pense que ce sera notre dernier, car nous devons réaliser maintenant que nous ne pouvons pas abandonner la Providence à un autre garçon pour atténuer le gâtage qui attend évidemment Jack, et elle veut ratifier cette confiance en en étant la marraine. Très gentille de sa part et très pittoresque – le tout mis dans les lord Chesterfieldismes par Mme Hennifer. Vous devez dîner avec nous et Tremenheere aussi. Il baptise toujours nos bébés. Je vais ensuite demander à Tremenheere.

«Je serai très heureux», dit Borlase.

« Mon cher, la faveur est de votre côté. Anna sera l'autre marraine. Je voulais dire la petite chose qui devait porter son nom, qu'il me restera peut-être une Anna lorsqu'elle prendra son envol, comme je suppose qu'elle le fera un jour. J'espère que ce sera une belle journée. Maintenant, je dois passer au Canon. Anna est en train de faire du shopping. Si vous la croisez, vous pourrez lui dire cet arrangement.

Borlase n'était pas allé beaucoup plus loin lorsqu'il aperçut Anna de l'autre côté de la rue. Mais elle l'avait vu la première et avait baissé son ombrelle pour cacher sa rougeur. Il a traversé et elle a attendu au bord du trottoir. Il lui sembla que tout le soleil qui tombait dans la rue se posait pour un moment sur son visage étincelant. Mais son attitude était aussi franche que d'habitude. Cela lui causa un léger choc de déception, car il comptait sur l'ombre du souvenir de leur dernière séparation. Il était loin de deviner que ce souvenir même donnait à son ton et à son air une vivacité née de la crainte qu'autrement il puisse penser qu'elle se souvenait trop bien, et qu'elle s'était souvenue trop bien. je m'y suis attardé avec émerveillement et espoir heureux. Il se tourna et marcha avec elle.

« Je viens d'éprouver un plaisir des plus inattendus, dit-il.

'Et qu'est ce que c'est que ça?' dit Anna.

«Je dois être le parrain de la petite Miss Deborah Juliana.»

'En effet! Tout concourt à combler de chance ce bébé au début de sa vie.

"Si elle est débordée, ce ne sera pas de la chance", a déclaré Borlase. Son visage blond rougit de plaisir et il rit avec légèreté. Il avait été prématuré de s'offusquer d'une franchise qui conduisait à un tel état d'esprit. « Êtes-vous aussi heureuse que moi, Miss Hugo ? » demanda-t-il en la regardant.

« À la déconvenue imminente de bébé ? Êtes-vous toujours aussi bienveillant envers les bébés, monsieur Borlase ?

'Non en effet. Si on m'a demandé une fois d'être parrain dans cette paroisse, j'ai été demandé une vingtaine de fois et j'ai toujours refusé.

« Alors vous êtes un individu des plus incohérents. Quelle excuse pouvez-vous proposer pour enfreindre votre règle ?

« Celui-là doit tracer une limite quelque part.

"Donc vous serez ouvert à toutes les offres ?"

« Au contraire, c'est la seule que j'accepterai. La règle entre immédiatement à nouveau en pratique. Aucun autre bébé ne m'aurait incité à le casser.

«Mais vous n'aurez pas le bonheur de vous tenir aux côtés de Mme Marlowe. Mme Hennifer est sa mandataire.

— J'aurai cependant une autre félicité.

'Et qu'est ce que c'est que ça?'

« Le bonheur d'être à vos côtés. »

Tandis qu'il parlait, la regardant droit dans les yeux, il fut surpris par un changement dans son visage. Son éclat de méchanceté s'estompa soudainement et ses yeux se dilatèrent d'étonnement. De toute évidence, elle n'avait pas entendu ce qu'il disait. Elle était regarder un objet dans la rue bondée. Involontairement, elle posa la main sur son bras, comme si elle ne pouvait pas se tenir debout. Il l'attira sur le côté pour s'appuyer contre une porte, mais avec un geste de ressentiment, elle se libéra et commença à descendre le trottoir. Il restait près d'elle, mais il n'était pas nécessaire de lui demander ce qui l'avait alarmée. Elias Constantin, à califourchon sur un cheval de trait, était une silhouette facile à distinguer au-dessus de la tête des passants, et dès qu'il suivit son regard pour la première fois, Borlase l'aperçut également. Mais il ne les avait pas encore vus et il les regardait avidement d'un côté à l'autre. Il était rouge de chaleur et avait l'air effrayé et en colère. Le cheval avait manifestement été détaché d'une charrette et monté immédiatement. Sa bouche mousseuse et ses flancs ruisselants évoquaient un galop.

«Faites-lui nous voir», dit Anna.

Il attirait l'attention et diverses voix criaient les adresses des différents médecins, dont l'un était considéré comme allant de soi qu'il voulait. Borlase saisit l'ombrelle d'Anna et la balança au-dessus de sa tête. Elias capta le mouvement. Un air mêlé de soulagement et d'anxiété plus urgente s'empara de son visage alors que ses yeux tombèrent sur Anna. Il enfonça ses talons sans éperon dans les flancs du cheval, l'envoyant en avant avec un plongeon qui lui ouvrit la voie, et l'instant d'après il le releva.

« Elle est partie », dit-il d'une voix rauque.

'OMS?' dit Anna. Sa voix était à peine audible.

"Clo, t'missis, ce membre du diable."

« Oh, chut ! » dit Anna.

Elle mit sa main sur ses yeux comme pour rassembler ses pensées en vue de faire face à une urgence. Mais Borlase remarqua son air frappé. Il l'avait déjà vu. Il savait ce qui avait dû se passer au Vieux Lafer : une seule calamité pouvait faire ressembler Anna Hugo à ce qu'elle était maintenant. Pourtant, quand elle a pris ses mains de ses yeux, elle réussit à sourire. Cela lui a serré le cœur. Il a fait l'expérience de ce sourire sur le visage d'une femme qui cache la blessure la plus profonde et enterre sa propre douleur dans l'espoir d'apaiser celle d'autrui.

« Viens par ici », dit-il en posant la main de la femme sur son bras et en tournant dans une rue secondaire ; « Tout le monde nous observera ici et un imbécile officieux se portera volontaire pour retrouver M. Severn. En l'occurrence, je sais où il se trouve et qu'il est à l'abri d'en entendre parler, du moins pour le moment.

'Est-ce que tu vraiment?' dit-elle. Sa voix tremblait mais elle le regarda avec une indicible gratitude.

« Il est allé chez le chanoine, chez Tremenheere, à propos de ce baptême. Maintenant, Constantin, amène tranquillement la jument dans ce coin et dis à Miss Hugo ce qu'elle doit savoir tout de suite. J'ai un patient près de moi qui va me prendre un moment.

Il lui saisit la main, la tordit et se tourna loin. Elle était à peine consciente d'une force de sympathie qui le rendait presque inhabitable. Son attention était fixée sur Elias.

Il se pencha sur elle, agrippant la crinière du cheval pour se stabiliser. Son visage exprimait une émotion plus de rage que de chagrin. Il ne se permettrait pas d'être malheureux ; il a été renvoyé, pas engourdi. Il aurait pu jurer contre Anna pour avoir apaisé son esprit, elle, la bonne, la vraie, d'être submergée par ce qu'une coquine comme Mme Severn pouvait faire.

"Elle s'est glissée aussi proprement qu'une belette à travers une fente dans un mur que personne d'autre ne verrait", a-t-il déclaré. « Dinah parcourait la laiterie comme elle le fait après la semaine d'expédition du beurre au marché, et moi je traînais de la tourbe en bordure, et Peggy s'occupait des baärns dans les prairies du côté de Beck. Mais Mme Hennifer l'avait été ; elle est arrivée en heurtant les drapeaux dans le car de Madame, et il est reparti vide, et Mme Hennifer est rentrée chez elle à pied. au Hall près des bois, et c'est ce qu'elle fit. Et une heure plus tard, il n'y avait personne dans la maison à part Clo et son bébé, et Dinah qui s'affrontaient dans ses pattes, sur son seau et ses clous. Alors que je dépassais le bord, j'ai vu une silhouette s'envoler des montants de la porte, mais je n'y ai jamais pensé. Ce devait être elle, et elle s'était glissée dans les branchies et y attendait pendant que je traversais l'eau. Puis elle est sortie à l'ombre des sapins, et quand j'ai atteint les drapeaux et que je me suis arrêté pour éponger un peu, j'ai par hasard regardé de l'autre côté et j'ai vu ma conduite faire trébucher pour tout le monde comme si elle elle avait des ailes jusqu'aux talons. Je l'ai alors connue, sa silhouette, sa robe sombre et la façon dont elle s'est dirigée vers l'ouest en direction de la petite fleur du cottage de Kendrew à t'Mires. Ce n'était pas un vieux truc, mais je n'en croyais pas mes yeux, cela faisait si longtemps qu'elle ne l'avait pas essayé. J'ai crié pour Dinah, et elle est venue et j'ai juré, oui, Dieu Tout-Puissant, je l'ai fait, et Dinah personne ne m'a réprimandé. Je m'allonge, elle aurait aimé être une homme à jurer aussi ! Elle est partie après elle, j'ai lâché sa jument et je suis venue te chercher. Et aucun de nous ne pensait que nous laissions bébé seul. Elle n'y avait pas pensé non plus, son bébé de deux mois. Honte à elle!'

Sa voix trembla. Il leva la main, la tint un instant et la laissa retomber lourdement sur son genou.

Anna était restée immobile, le visage absolument vide. Maintenant, un spasme d'émotion de retour la traversa. Les larmes lui montèrent aux yeux ; elle pâlit jusqu'aux lèvres.

«Malheur à celle par qui vient l'offense», dit Elias.

Elle leva la tête et le regarda avec un reproche muet. Son cœur s'est trompé.

« Cela me limite à quel point vous pouvez vous soucier d'elle, » dit-il avec dépréciation. Vous savez qu'elle va de mal en pis là-bas, et seul le Tout-Puissant peut dire où elle s'arrêtera. Si elle boit à nouveau, le Maître doit le savoir, ça l'atteindra. Scilla Kendrew lui fait peur, et Hartas va le propager. Quand Scilla l'a dit à Dinah, elle a dit qu'elle vous le dirait la prochaine fois. Non, non, si elle peut s'en aller comme ça et laisser son bébé manger de la viande à la cuillère, elle est désespérée ; C'est pire que la dernière fois, quand il n'y avait pas de bébé à qui penser. Elle est possédée par le diable Hissel... » Il s'arrêta un moment, refoulant une boule dans sa gorge dont il dédaignait la présence.

« Toi et le Maître êtes pareils », dit-il. "C'est allus" Jusqu'à soixante-dix fois sept. " Mais je ne sais pas si ce serait avec le Maître, s'il savait tout ce que nous faisons. Ne t'inquiète pas, mon chéri. Si quelque chose peut la pousser à revenir avant qu'elle boive et qu'il ait le cœur brisé, ce sera vous.

Il lui parla mais il regarda Borlase, qui était revenu et se tenait à côté d'elle. Borlase avait déjà établi ses plans. Elle était abasourdie, mais il savait qu'elle ferait ce qu'il lui disait.

« Constantine, dit-il, promenez tranquillement la jument sur la route de Mires, et Miss Hugo vous suivra. Je vais la suivre immédiatement et la conduire aux Mires. M. Severn est certain de déjeuner chez le chanoine et n'entendra rien.

Puis il se tourna vers Anna.

« Lorsque vous serez hors de la ville, trouvez un siège et reposez-vous jusqu'à mon arrivée », dit-il.

Il partit aussitôt et disparut dans une ruelle par laquelle il y avait un raccourci vers sa maison. Le regard d'Anna le rendait malade. Il était également étonné. Cela faisait si longtemps, plus de trois ans, il en était sûr, depuis la dernière fois que Mme Severn était allée aux Mires, qu'il avait été convaincu que cette fantaisie l'avait abandonnée. Son indulgence là-bas ne pouvait plus être son excuse, car elle se livrait désormais à la maison. Il l'avait découvert par lui-même et avait prévenu Dinah Constantine, qu'il considérait comme parfaitement fidèle. Il était certain qu'elle l'avait dit à Anna, car il avait entendu Les mots d'Elias. Assurément, cela ne lui était pas venu à l'esprit non plus. Si, toutefois, il était nécessaire d'exercer son autorité, il confierait ses connaissances à Anna, dans le but de les utiliser comme levier auprès de Mme Severn. Dans le cas contraire, Anna ne devrait pas deviner ce qu'il savait jusqu'à ce qu'il soit certain que cela la soulagerait de savoir qu'il savait. Alors qu'il courait dans l'allée, hanté par la honte traquée dans ses yeux, ses sentiments étaient étrangement composés d'une sympathie brûlante pour elle et d'un intérêt professionnel pour l'affaire. Qu'est-ce qui a poussé Mme Severn à agir ainsi ? Le problème était-il d'ordre physique ou moral ? Était-ce son devoir de le dire à son mari ?

CHAPITRE V

SUR LES COLLINES

Elias, cependant, n'a pas ouvert la voie. Anna déclara d'abord qu'elle irait seule, mais il n'en entendit rien : il attendrait avec elle. Ils convinrent que ce serait au pont sur le Woss, où, pour faire moins de remarques, ils iraient par des chemins différents.

Elle était là la première. Une colline avec un virage abrupt y menait. De chaque côté s'étendait un pâturage, sur lequel les pauvres gens de la ville avaient des droits communs. Elle était abritée par des berges boisées escarpées qui faisaient encore du cours de la rivière une vallée. La rivière était densément surplombé d'arbres. Des bosquets d'églantiers et de fougères, envahis de ronces, dominaient les creux du sol ; les flèches dorées du séneçon scintillaient au soleil ; les dos rouges et élégants du bétail se distinguaient dans les zones d'ombre sensuelles. L'air était incroyablement chaud. Anna avait marché vite, et maintenant, alors qu'elle s'appuyait contre le parapet, elle se sentait malade et étourdie.

Elle s'était rendue au centre du pont avant de s'arrêter. Il s'agissait d'une structure démodée et la clé de voûte de l'arc était accentuée par un pic en maçonnerie. D'un côté, il y avait une étroite crête qui servait de sentier piétonnier. A l'origine, il reliait un chemin muletier. Lorsque les mulets en file indienne sont passés de mode, ils ont été élargis pour les chariots. Lorsque les Marlowes quittèrent Old Lafer pour le nouveau Hall, vers lequel se trouvait la grande route, la route fut nivelée et macadamisée à grands frais, mais le vieux pont ne subit aucune modification. On a dit que Madame Marlowe de ce jour-là, elle aimait faire attendre ses locataires dans leurs charrettes et leurs shandrydans pendant que son autocar passait dessus. Au début, cela fut considéré comme une évidence, et les locataires tirèrent leurs toupets tandis que le véhicule encombrant, avec ses quatre chevaux noirs et ses cavaliers en livrée chamois, se balançait devant eux. Mais peu à peu ils devinrent indifférents, puis défiants, et enfin on sut que certains juraient lorsqu'ils aperçurent le chamois et le râle de la traînée qui les obligeait à s'arrêter et à se mettre de côté. Plus d'une fois, le propriétaire actuel, le vieil amiral génial et populaire, avait été sollicité par la ville et le comté pour en construire un nouveau. On lui a représenté que s'il s'agissait d'un pont d'arrondissement et relevant de la compétence de l'arpenteur des routes et dépendant des contribuables, cela aurait été fait des années auparavant. Il le savait et se déclarait heureux que ce ne soit pas le cas. Homme généreux et ouvert, il avait pourtant certains caprices qui aucune puissance mortelle ne pouvait combattre ; en effet, sous la pression du pouvoir mortel, un caprice est devenu une résolution. C'est ce qu'il a fait dans ce cas-ci. Il favorisa les pétitionnaires en expliquant les raisons de leur refus : il n'y avait pas beaucoup de trafic sauf les jours de marché de Wonston ; au-delà de Hall, la route ne menait qu'aux landes et aux Mires, hameau impie qu'il devait laisser tomber peu à peu en ruines ; le vieux pont était solide en termes de socle et de rebord - lorsqu'il l'aurait transporté sur son dos, Cynthia pourrait faire ce qu'elle voulait, mais à ce moment-là, l'électricité serait probablement adaptée aux voyages de nuit en calèche et sa compagnie de dîner éclairerait la route au-delà de toute possibilité d'accident.

Un jour, il a demandé à Cynthia ce qu'elle ferait.

«Je vais en construire un nouveau, grand-père», dit-elle.

'Vous serez? Pourquoi?'

"Pour que je ne crains pas un accident certains nuit noire pour une pauvre créature pendant que je suis à l'aise ici.

"La pauvre créature serait un coquin des Mires, le vieux Kendrew probablement, qui rentre ivre à la maison, Cynthy."

"Peut-être que le médecin vienne chez toi ou que grand-mère."

"Ou toi, ma demoiselle fleurie."

'Ou moi. Pourquoi pas?'

« Ce que Dieu nous préserve ! » s'écria l'amiral. — Mais de toute façon, nous le ferions chercher avec des lampes bien garnies.

« Les vierges folles ont réglé leurs lampes trop tard », dit Cynthia.

«Eh bien, ne le faites pas», dit l'amiral avec une bonne humeur provocante.

« Oh grand-père, aucun Marlowe ne s'est-il jamais saoulé à sa propre table de salle à manger ?

« Cynthia ! »

"Eh bien, messieurs oui", dit-elle avec honte, mais de manière décisive.

«Jamais ici», dit précipitamment l'amiral. — Peut-être au Vieux Lafer du temps des Georges, jamais ici ! Tu vas trop loin, Cynthy ; tu me mets mal à l'aise. Que savez-vous de telles choses ? Je dois demander à Mme Hennifer de ne pas autoriser une telle licence de pensée. Mon Dieu, vous deviendrez chartiste la prochaine fois. Là, là, je ne vais pas vous dire ce que c'est.

Elle avait l'air mélancolique, mais il rit, lui jeta un coup sous le menton et s'éloigna.

Quelques jours plus tard, elle traversa le pont en voiture avec Mme Marlowe. Juste au moment où l'entraîneur prenait le virage du côté de Wonston, elle se retourna et son regard fut attiré par une lueur blanche inconnue parmi le feuillage d'où ils avaient émergé. C'était une planche sur un poteau. Elle ne pouvait pas distinguer la mention inscrite dessus mais elle devait savoir de quoi il s'agissait. Elle a tiré sur le cordon et, avec une explication incohérente à Mme Marlowe, a sauté et est revenue en courant.

Voici les mots qu'elle a lu :

« Que tous les ivrognes, les blasphémateurs et les personnes impies qui sont les destructeurs de la paix, de l'abondance et de la prospérité dans leurs maisons, se méfient de ce pont. Pour ceux-là, cela peut s'avérer un instrument, placé par Dieu Tout-Puissant entre les mains du diable, pour leur destruction dans l'obscurité de la nuit ou dans la fureur de la tempête.

" SIMON MARLOWE ,

'Seigneur du Manoir, 18—.'

Elle n'a pas frémi. Elle comprit instantanément qu'un tel avertissement pourrait être efficace, tandis qu'un nouveau pont encouragerait le vice en assurant la sécurité. Elle était alors une jeune fille au début de l'adolescence, et maintenant elle était une femme. Chaque année, la clarté des mots avait été renouvelée. Mais il n'y avait eu aucun jugement de Dieu sur les hommes ivres qui s'accrochaient à leurs selles par sa providence, ou qui chancelaient d'avant en arrière à pied alors qu'ils rentraient chez eux dans les nuits les plus sombres, lorsque le bruit des sabots d'un cheval ne pouvait pas être perceptible. entendu au-dessus du rugissement du flot se précipitant en bas.

Aujourd'hui, alors que Borlase tournait au coin de la rue, ses yeux tombèrent sur le tableau. Il roulait lentement, comme il fallait le faire à ce moment-là. Un instant auparavant, il avait entendu des voix au-dessus du murmure du maigre ruisseau d'été. Il savait que ce seraient ceux de Constantine et d'Anna. Et maintenant, alors que ses pensées se concentraient gravement sur les mots « destructeurs de paix » qui étaient pour eux le cœur de l'avertissement à cette heure, il arriva en vue d'Anna.

Elle était assise sur le trottoir. Son chapeau était enlevé, sa tête renversée contre la maçonnerie, ses mains étaient jointes autour de ses genoux. Au-dessus d'elle jouaient les taches de soleil qui s'infiltraient entre le feuillage au-dessus. Son visage était tourné vers Elias, qui était assis de côté sur le dos de la jument et la regardait. Son attitude était apathique, son visage pâle et grave. Au moment où Borlase la vit, elle leva la main pour forcer le silence. et inclina la tête pour écouter. Un autre instant et il se distingua à l'ombre des arbres. Un éclair de soulagement si intense qu'il ressemblait presque à de la joie traversa son visage et elle se releva d'un bond.

Pas un mot n'a été prononcé. Tous étaient trop concentrés sur le plan qu'ils devaient accomplir ; les battements de leur cœur oscillaient entre l'espoir et la peur, l'inquiétude et la foi. Il était trop certain que si Mme Severn devait rentrer chez elle avant son mari, il n'y aurait pas un instant à perdre. Borlase aida Anna à s'asseoir à côté de lui, puis monta sur son cheval. Elias courut en avant pour ouvrir la porte qui empêchait le bétail de s'égarer, et Anna hocha la tête alors qu'ils le dépassaient. Un instant plus tard, ils disparurent au détour d'un coin où se trouvait l'un des pavillons du parc, et il revint sur ses pas jusqu'au pont où un chemin remontait la vallée jusqu'à East Lafer, et de là par la grande route vers Old Lafer. Il faudrait une heure pour atteindre les Mires, même avec Le bon cheval de Borlase. Au-delà du parc, la route était accidentée et vallonnée. Elle fut d'abord surplombée d'arbres, puis les haies cédèrent la place à des murs sans mortier. Le dernier arbre, un chêne robuste et rabougri, a été abandonné. Ils passèrent une porte et traversèrent un pâturage courbé où scintillaient des linaigrettes, un autre avec des touffes de bruyère ici et là, puis ils atteignirent la lande.

Le ling était en plein essor. Il s'étendait autour d'eux sur des kilomètres, pourpre se fondant dans des distances améthystines qui s'estompaient sous la brume thermique jusqu'à la ligne du ciel. Ici et là, il y avait des taches de myrtille d'un vert vif, de spagnum argenté ou de fibres brûlées gris cendré. Dans les creux se trouvait le dense velours olive du jonc. Des rochers lichens projetaient des traînées d'ombre qui s'allongeaient. De profondes branchies avec des ruisseaux dont les eaux se rassemblaient maintenant en mares calmes, puis écumaient autour des rochers, coupaient les collines dans toutes les directions. Sur tous les nuages, les ombres naviguaient, éclipsant encore une fois le soleil jaillissaient doucement derrière eux et imprégnaient la terre immobile d'une chaleur parfumée.

Et maintenant, il y avait une douce brise fraîche. Il semblait que souffler des hauteurs au-dessus de Meupher Fell ou de Great Whernside était un véritable baume venu du ciel. Lorsque Borlase monta dans la charrette après avoir fermé la porte, Anna ôta son chapeau et la brise souffla sur son visage et dans ses cheveux, lui donnant une délicieuse sensation de courage et d'énergie renouvelés. Jusqu'à présent, ils n'avaient pratiquement pas parlé. Maintenant, elle éprouvait soudain un éclaircissement du cœur, une apaisement de la fièvre de la perplexité et du chagrin. Son visage s'éclaira. Borlase comprit le changement en reprenant les rênes.

«Parlons-en», dit-il en souriant.

"Je crains que ce ne soit sur un sujet très usé."

'Mme. Séverne ? Il y a peut-être mieux, comme nous le savons, mais c'est « la prochaine chose » qu'il faut affronter.

Elle regarda droit devant elle. Il était si naturel que Clothilde soit Elle discuta avec Borlase, non seulement en tant qu'ami de longue date, mais en tant que confident professionnel, qu'elle était à peine consciente de l'immense soulagement de pouvoir parler d'elle. Mais son trouble était bien trop poignant pour qu'elle se risque à croiser son regard, tout en imaginant qu'il n'en connaissait que la moitié.

« Vous vous souvenez de cela auparavant ? » dit-elle.

Il hocha la tête, retirant soigneusement une mouche de l'oreille de son cheval.

« Vous avez appelé le vieux Lafer le jour même, juste après le départ de papa, pour voir si on pouvait la persuader de revenir immédiatement.

'Oui je l'ai fait.'

Aurait-il un jour oublié cet appel ?

C'était par une journée sombre du début du printemps. Aucune lueur de soleil n'éclairait la vieille maison alors qu'il gravissait la colline. Un vent du nord-est soufflait sur les landes dont les creux étaient encore enneigés. Le rugissement du ruisseau gonflé qui dévalait les branchies remplissait l'air ; le les mélèzes s'éloignaient des bâtiments qu'ils abritaient, craquant à chaque nouveau souffle. Il avait frappé à la porte d'entrée sans réponse, puis était passé par l'arrière avec le même résultat. Même l'aboiement d'un chien ne troublait pas le silence de mort. Revenant aux drapeaux, il scruta les champs. Dans le coin du premier pâturage se trouvait un hangar provisoire pour les brebis. Tandis qu'il regardait, Dinah Constantine en sortit avec deux agneaux. Ses yeux perçants le remarquèrent instantanément. Elle a couru en arrière, a déposé les agneaux et a remonté le champ à toute vitesse. En l'atteignant, elle lui saisit le bras avec la poigne d'un étau, déversa dans ses oreilles étonnées sa morne histoire, et enfin ouvrit la porte du salon et lui montra Anna.

Elle était assise à table, les bras écartés, dans lesquels son visage était enfoui. C'était son premier chagrin. Elle était épuisée par un chagrin qui avait été passionné et qui était maintenant écœurant. Cela lui parut sérieux et Il était naturel que le bonheur s'était envolé pour toujours du vieux Lafer. Il s'est assis et a raisonné avec elle après avoir fermé la porte à Dinah. Il ne s'approcha pas d'elle, sachant instinctivement que sentir quelqu'un près d'elle serait intolérable, limitant, comme cela semblerait le cas, à la fois le chagrin et la sympathie. Debout près de la fenêtre en silence pendant un moment, puis s'asseyant à l'écart, mais là où elle pouvait le voir quand elle levait les yeux, comme il espérait qu'elle le ferait bientôt, il s'employa à la gagner à travers la lutte et à lui montrer à nouveau la lumière.

Et comme il la reconquérait à la patience, il était lui-même gagné à aimer. Ses larmes amères, mais aussi ses efforts spasmodiques pour sourire qui transperçaient son désespoir d'espoir et la montraient capable de se préparer à l'épreuve ; son amour ardent pour Clothilde ; sa honte féroce et son agonie de remords pour M. Severn ; son refrain à chaque point gagné sur ce qui avait poussé Clothilde à être si «méchante» au point de quitter sa maison, et sa simple perplexité devant le fait que cela ait été «permis» par Dieu, s'exprimant sur son visage et dans ses gestes plus que par des paroles, lui fit une impression inoubliable. Cette écolière, qu'il avait naturellement négligée ou patronnée, et qui était certes simple au point d'être le vilain petit canard de la famille, trônait désormais dans son cœur. Ses pensées étaient centrées sur elle. Ses pas l'amenaient à ses côtés à chaque occasion. D'autres femmes, bien que belles, le faisaient pâlir. Insensiblement s'infiltra dans son âme une tendre révérence qui le fit peu à peu se détacher de l'intensité même de son désir d'être près d'elle. Il découvre en lui une nature nouvelle, capable d'une maîtrise de soi chevaleresque et d'une adoration subtilement délicate. Anna Hugo lui était plus chère que la vie elle-même, sauf pour elle. C'était une fille dont le temps allait devenir une femme noble, et les dures réalités de la vie renforcent et adoucissent à la fois ; la seule femme que – s'il voulait avoir le désir de son cœur – il devait gagner pour sa femme.

Et elle était là aujourd'hui, à ses côtés mais toujours pas gagnée. Cependant, elle savait maintenant qu'elle était courtisée. Il en saurait plus bientôt. Mme Severn ne devrait pas s'interposer une troisième fois entre eux, ni directement ni indirectement.

«La première fois qu'elle s'est enfuie, j'étais à l'école», a déclaré Anna. « Papa n'en a jamais parlé, mais Dinah m'a dit à quel point c'était horrible. Il devenait frénétique lorsque les heures passaient et qu'il n'y avait aucune nouvelle ni trace d'elle. Il y avait eu une forte tempête, les eaux étaient sorties, et il était certain qu'elle s'était glissée dans les branchies et s'était noyée. Et puis la vieille Hartas Kendrew est venue des Mires et leur a dit qu'elle y était allée pour voir Scilla. Bien sûr, ils pensaient que c'était un appel ; et Scilla a préparé du thé et s'est attendue à ce qu'elle parte. Mais le La tempête est arrivée, alors elle a attendu, et quand elle s'est dissipée, Scilla a proposé de s'installer chez elle. Puis elle la regarda et lui dit : « Prissy, je viens chez toi, mon mari ne me laisse pas aller à Paris. Elle appelle toujours Scilla Prissy, même si elle sait à quel point elle n'aime pas cela. Scilla pensait qu'elle plaisantait. Envie d'aller aux Mires parce qu'elle ne pouvait pas aller à Paris ! Mais elle resterait, et Hartas est donc venu nous le dire.

« Et M. Severn l'a ramenée ?

'Oui. Il était très en colère et insistait, et elle avait peur. La deuxième fois, il essaya de la persuader, mais elle ne se laissa pas convaincre, alors il la laissa rester et, au bout d'un mois, elle revint. Mais elle ne lui demandait jamais pardon, et c'était déchirant de le voir si doux. Il s'en voulait, disait qu'il n'aurait jamais dû lui demander de l'épouser, qu'elle était trop jeune, trop belle et bien née, et que s'il n'avait pas été trop égoïste pour la laisser tranquille, elle l'aurait fait. j'aurais épousé un homme qui aurait pu lui donner toute la richesse et le plaisir qu'elle était en droit d'attendre. La dernière fois, il n'a même pas essayé de la convaincre, même s'il est allé la voir. Il a dit qu'elle devait être heureuse à sa manière. Il n'avait que son amour à plaider, et elle lui avait appris qu'elle ne s'en souciait pas.

Sa voix était tombée au ton le plus bas. Son inflexion touchait la corde sensible de son cœur, dont elle était loin de penser à la vibration de dévotion envers elle-même à cette heure. Il reprit son souffle et détourna brusquement la tête. Il n'aurait pas pu supporter de la regarder. Pendant un instant, il ne put parler.

« Constantine a dit que Mme Hennifer avait appelé », dit-il.

'Oui. Elle le fait souvent, mais c'est généralement pour me voir maintenant. D'une manière ou d'une autre, Clothilde et elle ne se soucient pas l'une de l'autre, même si elles se connaissent depuis des années. Clothilde était à l'école de sa sœur à Londres, et pendant qu'elle y était, Mme Hennifer s'est mariée et est partie en Inde.

"Cela semblait être une étrange coïncidence qui les a rapprochés à nouveau ici."

«C'était des années plus tard. Le capitaine Hennifer l'a laissée dans une mauvaise passe, et elle était heureuse d'avoir une sinécure aussi délicieuse que de s'occuper de Cynthia.

« Où est Miss Marlowe maintenant ?

« À Jersey avec les Kerr. Ils vont tous hiverner là-bas ensemble.

« Peut-être que Mme Kerr demandera au chanoine de les rejoindre bientôt. Je suppose qu'elle est sa sœur préférée.

"Oui, et d'autant plus qu'elle est l'amie de Cynthia. Mais elle n'osera guère lui demander à moins que Cynthia ne le souhaite. Sa présence avec eux ne peut avoir qu'une seule signification, mais je crains que Cynthia ne le souhaite pas. Je souhaite, comme tout le monde le souhaite, qu'elle épouse le chanoine Tremenheere.

Au-dessus de la crête devant eux, un mince filet d'odeur de tourbe flottait dans l'air. Anna le vit et détourna la tête. Mais Borlase avait vu l'afflux de couleurs sur le visage et le cou. Il posa sa main sur la sienne.

« Dois-je descendre avec toi ? » il a dit.

Elle secoua la tête et lui lança un rapide regard à moitié effrayé. Il savait qu'elle ne savait pas comment elle retrouverait Mme Severn.

"Eh bien, rappelez-vous que je suis ici et que je ferai ce que vous voudrez."

«Je viendrai vous le dire.»

« Vous le ferez vraiment ? dit-il en lui souriant dans les yeux. Elle se sentit soudain inspirée d'un courage et d'une confiance si pleine et si libre qu'elle aurait pu tout lui dire.

«Oui, je le ferai», dit-elle.

Comment s'étonner que sa main se soit refermée sur la sienne avec un sentiment de possession ? Encore ni l'un ni l'autre ne souhaitaient pour le moment qu'il y ait du temps pour davantage : il est doux d'anticiper la joie qui est très proche. Ils étaient sur la crête. Dans le creux en contrebas se trouvaient les Mires.

CHAPITRE VI

CYNTHIA MARLOWE

Cynthia Marlowe était arrivée à Lafer Hall alors qu'elle n'était qu'un bébé. Elle était la fille unique du fils unique de l'amiral. La mort de son soldat dans une gorge afghane a tué sa jeune épouse, puis Cynthia a été envoyée chez ses grands-parents.

Sa vie était solitaire mais très heureuse. Elle ne connaissait pas d'autres enfants, mais l'amiral était toujours prêt à s'amuser. Il y avait largement assez de place pour qu'ils puissent l'avoir sans donner mal à la tête à Mme Marlowe. Quand grand-mère secoua la tête et craignit que Cynthy ne devienne un terrible garçon manqué, grand-père a déclaré qu'elle était empêchée par tous les faits de la nature et de la grâce d'être autre qu'une dame. Comment Lennox, Cholmondeley et Marlowe pourraient-ils à eux seuls produire une anomalie ? Non non; si elle ne s'ébattait pas, n'étirait pas ses muscles et ne gonflait pas ses poumons, elle serait chétive, et il préférerait qu'elle ne puisse pas marquer son propre nom plutôt que d'être chétive. Il s'en prenait aux échantillonneurs et se réjouissait d'interrompre la leçon de travail. Cynthia, attrapée par Mme Marlowe et obligée de s'asseoir sur un petit tabouret à ses pieds, les joues rouges et les doigts impatients qui tiraient et tiraient les soies jusqu'à ce qu'elles s'emmêlent dans les fils cassés, écoutait avec des sens tendus l'intervention de l'amiral. le couloir. Mme Marlowe aussi, et elle était bien la plus nerveuse des deux. Cela signifiait la libération pour l'un et la défaite pour l'autre.

'Quoi! oh, Cynthy, disait l'amiral, encore pris au piège, mon joli oiseau ? Avoir un dos rond et une poitrine étroite pour un fal-lal ? Viens, grand-mère, ça ne marchera jamais ; vous ne raisonnez pas, ma chère. L'enfant aura toujours une femme pour ses parures ; pourquoi la laisser risquer sa vue et sa silhouette ? Ensuite, il prétendrait que Cynthia serait terriblement affligée de mettre cet enchevêtrement de côté, et qu'elle préférait de loin la salle du matin au parc. «Je suis vraiment désolé, Cynthy, mais tu dois sortir ce beau jour. Mamie n'a pas vu le soleil, sinon ta jupe aurait été allumée il y a une heure. Où est ta boîte à travail ? Maintenant doucement ; rangez-le proprement ; soyez toujours bien rangé. Ne faites pas éclater les charnières. C'est une bonne fille !'

Et elle s'envolait avec la toujours nouvelle question de savoir si grand-père n'avait vraiment aucune idée à quel point c'était délicieux de partir.

La pauvre Mme Marlowe s'est battue tout aussi inutilement pour les livres. C'était un sujet qui avait également beaucoup préoccupé l'amiral, et l'indécision engendrait l'irritation. Il était encore plus péremptoire.

"Maintenant, Juliana, ce n'est pas bon, pas bon à tout cela, en sortant tous vos vieux volumes. *Les questions de Mangnall* contiennent peut-être tout ce qu'il était nécessaire pour qu'une fille apprenne à votre époque, mais elles sont obsolètes. *Murray* aussi . Eh bien, mon Dieu ! une créature m'a dit l'autre soir au doyenné qu'il n'y avait plus d' article dans notre grammaire anglaise et que toutes les autres parties du discours jouaient au chat dans le coin - faute de cela, je devrais pense. Cynthy doit bien sûr apprendre à lire, à écrire et à chiffrer ; elle devra signer des chèques et témoigner des actes un de ces jours. Elle peut lire n'importe quel livre de ma bibliothèque ; il n'y a pas une seule chose vicieuse là-bas ; et quant aux allusions dans Shakespere, par exemple, eh bien, elle prendra à cœur les bons et ne comprendra pas les mauvais. Elle récupérera les informations au fur et à mesure, et puis, bien sûr, elle devra en finir avec les maîtres. Mais quant à *Mangnall* , ça ne sert à rien du tout. Laissez simplement l'enfant tranquille. Je vais lui apprendre à monter à cheval, à sauter, à clôturer et à jouer aux boules, et nous lui donnerons un C'est une belle femme, et c'est tout ce dont une femme a besoin.

Mais il tira férocement sa moustache, et sa main trembla tellement en fixant ses lunettes, lorsqu'il prit aussitôt le *Gentleman's Magazine* , que Mme Marlowe était sûre qu'il avait des doutes. Cependant, c'était une grâce qu'elle ne soit pas censée imposer la loi et assumer ses responsabilités.

Mais cela ne l'exemptait pas d'être malheureuse à cause de Cynthia. Elle avait une vision claire d'un *via media* qui ne devrait pas impliquer de mathématiques et de classiques, mais devrait comprendre plus que les trois R. Cela la rendait malheureuse de voir l'intrépidité de Cynthy sur son poney ; elle montait à cheval et se cassait le cou ; elle se foulerait la cheville en sautant et resterait paralysée à vie ; et une fois qu'elle eut appris à danser, qui donc pourrait l'accompagner aux bals ? L'amiral était trop entêté ; elle serait un garçon manqué après tout et défierait toutes les règles sociales et se chaperonner elle-même ! La corde à sauter était très bien ; elle aimait la voir sauter dans les couloirs par une journée pluvieuse, et c'était vraiment joli de voir l'amiral lui apprendre les boules, mais a-t-on jamais appris à une fille à tirer sur l'escrime ? Il lui apprendrait ensuite les tactiques de la guerre navale. Pourquoi était-il fou qu'elle soit une belle femme ? *elle* ne l'avait jamais été. Juste ainsi ; et elle était délicate. Eh bien, peut-être qu'il avait raison. Mais elle soupira et fut sûre qu'il avait tort.

C'est lorsque Cynthia avait neuf ans que Mme Marlowe a trouvé un allié déterminé. Mme Tremenheere, l'épouse du doyen de Wonston, avait ses propres filles et une idée très claire du *via media* dans lequel santé et éducation vont de pair. Elle a eu l'audace de discuter avec l'amiral sur le sujet. Ils étaient également obstinés, mais il était non seulement obligé de s'en remettre à elle en tant que dame, mais elle pouvait également produire ses propres filles comme preuves de son bon sens. Elle ridiculisait également la possibilité que la santé du corps soit compatible avec l'ignorance mentale dans l'Angleterre du XIXe siècle et compatisait envers les maîtres qui devaient « finir » un terrain non préparé. L'amiral, qui se sentait depuis longtemps secrètement confronté à un dilemme, écouta et céda. Pour son propre bien, Cynthy ne doit pas être un cancre. Mme Tremenheere entreprit de trouver une gouvernante, et elle trouva Mme Hennifer.

Après cela, tout le monde passa un moment difficile à Lafer Hall jusqu'à l'arrivée de Mme Hennifer. L'amiral avait cédé, mais il n'était pas du tout sûr que Mme Tremenheere sache quel genre de gouvernante il voulait.

« Elle nous a peut-être apporté quelque chose de jésuitique, Juliana, dit-il. « Je connais assez bien Mme Tremenheere, c'est une femme mondaine et une intrigante. Jusqu'à présent, elle s'est bien occupée de ses filles et elle les épousera bien ; et il y a Anthony, vous savez, son unique garçon, et j'en suis sûr, elle voudra un chef-d'œuvre pour lui ; et elle sait, comme tout le monde le sait, que Cynthy est une héritière. Très sympa de faire atterrir Anthony à Lafer Hall, hein ? Maintenant, ce que je dis, c'est qu'elle nous envoie peut-être sa propre créature.

« Oh Simon, et Cynthy n'a que neuf ans !

« Eh bien, eh bien, je ne dis pas qu'elle l'est, mais c'est une intrigante, j'en suis sûre, Juliana. Elle te tordrait autour de son petit doigt, et peut-être qu'elle m'a tordu aussi, Dieu sait.

Mais Mme Hennifer n'était pas une « créature », et lorsque l'amiral découvrit qu'elle n'avait jamais vu Mme Tremenheere jusqu'à ce qu'elle lui soit présentée dans le salon de Mme Marlowe, ses scrupules furent apaisés. Il fut bientôt évident que le bonheur de Cynthia était doublé. Les forces en elle qui avaient été gaspillées étaient maintenant dirigées vers des pistes de travail saines. Son esprit et son entreprise se sont consacrés à devenir aussi intelligents que Theo et Julia Tremenheere. Elle s'ébattait encore avec l'amiral, puis elle se précipitait dans la salle de classe, s'asseyait, rejetait en arrière ses cheveux d'or, posait ses coudes sur la table et surmontait ses difficultés de grammaire et de calcul. Comme elle ne pouvait s'empêcher de rire lorsque l'amiral passait devant la fenêtre, l'air désespéré et lui faisant signe d'agir vite, elle lui remontra et dit que s'il voulait toujours le faire, elle devait changer de siège. Changer de siège, ajoutait-elle, serait très pénible, car cela l'aidait à regarder le ciel. Son fervent sérieux le déconcerta et il résista à l'envie de rire de son caractère pittoresque. Il n'a pas compris, mais Mme Hennifer l'a compris et lui a donné un livre intitulé *Look up, or Girls and Flowers*. Mme Hennifer avait un talent merveilleux pour choisir de jolis livres, et parfois, lorsqu'ils les lisaient ensemble à voix haute, Cynthia constatait qu'ils faisaient venir les larmes aux yeux de ses yeux perçants.

«Ma chère Mme Henny», dit-elle une fois, 'ne pleure pas. Ce n'est qu'une histoire, et une toute petite partie de l'histoire aussi.

Elle ne savait pas, et Mme Hennifer priait pour ne jamais le savoir, que le « tout petit peu » est souvent ce autour duquel se concentre toute la vie, teintant désormais ses joies et ses peines, ses espoirs et ses peurs. Ce ne serait pas non plus triste si cela était réalisable à l'époque. Mais c'est ensuite, par une expérience supplémentaire et une séquence inattendue, que l'incident devient l'événement.

Un jour, alors que Cynthia n'était plus une enfant, l'amiral rejoignit par hasard sa femme et Mme Hennifer sur la terrasse. Au-delà des larges étendues de graviers et des balustrades de pierre dans les vases desquelles brillaient les géraniums, le sol tombait brusquement dans les ondulations finement boisées du parc. Un groupe de cerfs élaphes gisait à l'ombre d'une rangée de châtaigniers qui balayait une pente au pied de laquelle brillait le lac. Au loin, par-dessus les sombres flancs des bois, Wonston était visible. Ses tuiles rouges et ses pignons jaunes gisaient dans une brume de fumée au-dessus de laquelle s'élevaient les tours de la cathédrale. L'amiral Marlowe était le seigneur du manoir aussi loin qu'ils pouvaient voir dans toutes les directions.

Au fur et à mesure qu'ils se promenaient, leur conversation errait de petits détails sur les plaisirs et les devoirs sociaux jusqu'à des détails plus importants liés au domaine. Aucune allusion n'a été faite au fils décédé. Mme Marlowe ne l'avait pas nommé depuis le jour où elle avait appris sa mort. Mais l'Amiral sentit sa main trembler sur son bras alors qu'il spéculait sur l'étendue des connaissances de Cynthia sur son héritière. Il la regarda tendrement. Elle avait été belle dans sa jeunesse, et le chagrin avait ciselé ses traits en une délicatesse accrue en lui donnant un air de mélancolie plaintive.

«Disons la vérité à Cynthy et écoutons ce qu'elle dira», a-t-il déclaré.

«Oui, bien sûr», dit Mme Marlowe.

« Ma bonne Mme Hennifer, voulez-vous l'amener ici ? Elle est sur le terrain de boules, ou du moins elle l'était. Dieu sait où elle a pu être emmenée à ce moment-là, le Ciel ou les fées. Je pense qu'ils sont ses plus proches parents.

Mme Hennifer partit à la recherche, disparaissant derrière un groupe de cèdres dont l'ombre, projetée à midi sur les fenêtres du salon, le gardait au frais les jours les plus chauds. Ils l'ont entendue appeler « Cynthia ! » alors qu'elle allait et venait parmi les arbres ou traversait les pelouses. À ce moment-là, le ton d'un homme répondit : « Nous y sommes ! » Puis vint le rire léger d'une fille. Quelques instants plus tard, Cynthia apparut seule sur la terrasse.

Elle était très charmante. Il a été prophétisé qu'elle serait la beauté de Riding et du comté. Elle était venue en ville ce printemps pour le bien des maîtres, et son portrait avait été peint par l'un des plus grands artistes de l'époque. Il spiritualisait généralement ses sujets, mais Lorsqu'il a vu Cynthia Marlowe, il a su que s'il ajoutait à la spiritualisation de la nature, il devait ajouter des ailes. Il est passé de son studio à Lafer. L'amiral ne permettrait à aucun «troupeau vulgaire» de le critiquer à Burlington House. Sa fierté envers elle était cette fierté chevaleresque qui protège contre la publicité pour les femmes et reconnaît même le « rang le plus noble » de la beauté comme une « retraite ». Le portrait était accroché à une extrémité du long salon. En marchant vers lui, il semblait que Cynthia elle-même se levait pour saluer le venu. Elle était déjà grande, et aussi légère et droite que pouvait la rendre le gymnase naturel de liberté judicieuse, d'air frais et d'influences pures. Elle était vêtue de blanc et ses cheveux dorés pendaient en boucles jusqu'à sa taille. Sa peau claire montrait facilement une rougeur. Ses sourcils étaient plats, ses lèvres fermes mais sensibles. Il y avait une transparence exquise dans ses yeux, qui étaient grands et d'une chaude couleur noisette. Elle regardait tout le monde avec un regard franc et une confiance intrépide qui était involontairement fascinante.

« Cynthy, » dit l'amiral en lui souriant comme tout le monde, « il y a une question que nous voulons vous poser. Vous êtes-vous déjà demandé à qui Lafer ira après notre mort ?

« Oui, dit-elle ; mais je n'ai pas aimé savoir que tu mourrais.

«Nous devons le faire au cours de la nature. Cependant, la nature ne parvient parfois pas à maintenir ses caps, comme dans notre cas, où une génération s'est écoulée entre nous et vous pour un sage dessein du Tout-Puissant. Le fait vous donne de grandes responsabilités. Ma chère, Lafer t'appartiendra.

«J'ai parfois pensé que ce serait le cas», dit-elle.

Pendant qu'elle parlait, elle posa une main sur la balustrade et, de l'autre, se protégea les yeux et regarda Wonston. Il suivit son regard.

« Vous serez la Dame du Manoir jusqu'à la maison la plus au sud de Wonston Earth et de Great Whernside au nord. Tu t'en rends compte, tu es une fille mince et adolescente ?

«Je n'essayais pas de m'en rendre compte. Juste au moment où j'étais sûr de voir le Doyenné, Anthony m'a souvent assuré qu'il le pouvait à côté de ce vase. Je ne serai pas une "fille mince à l'adolescence" quand je serai la dame du manoir, grand-père. N'y pensons pas. Ce ne sera pas avant très longtemps et nous l'oublierons à moins que vous ne vouliez me dire quelque chose que je dois faire.

« Ma chérie, le moment venu, tu feras tout ce qui est bon, même jusqu'à reconstruire le vieux pont, hein ? Mais il y a une chose que tu dois avoir, un bon mari. Vous ne devez pas rester seul au monde.

«Il doit l'avoir, ma chère», dit Mme Marlowe.

'Bien sûr bien sûr. Là, là, Cynthy, pas besoin de prendre des couleurs. Beaucoup de temps et pas de problèmes à venir, faites votre propre choix les mains, etc. Maintenant, embrasse-nous et tu pourras retourner auprès d'Anthony. Il restera et dînera, et ensuite tu nous chanteras.

Elle a fait ce qui lui était demandé comme une enfant. Ils la regardaient hors de vue. Alors l'amiral se dirigea vers le vase près duquel elle s'était tenue et, fixant son monocle avec une nervosité si inhabituelle qu'il résista à bien des efforts avant de se stabiliser, il regarda Wonston.

« Nous devrions certainement voir le doyenné », dit-il d'un ton si mécontent qu'il était certain que non.

"Certainement nous devrions le faire."

"Eh bien, si nous ne le faisons pas, la meilleure chose à faire est qu'il la persuade de le faire."

«Je pense que oui.»

"Je n'ai aucun doute qu'il est convaincu qu'il voit sa chambre depuis sa chambre."

"Ne dis pas ça à Cynthy."

'Julienne ! comme si j'étais assez stupide pour en dire quoi que ce soit — justement pour bouleverser nos projets !

« Vous souvenez-vous, Simon, à quel point vous aviez peur que Mme Tremenheere ne complote pour nous ?

L'Amiral gonfla ses joues pour cacher un peu de gêne. Mais Mme Marlowe avait l'air si inoffensive qu'il ne pouvait s'agir de méchanceté.

«Je le suis encore», dit-il. « Ce n'est pas du ressort d'une femme de comploter, au-delà de ça, elle ne fera que semer le désordre. Maintenant, c'est une femme du monde, elle voudrait l'argent de Cynthy, mais nous voulons Anthony parce que c'est un bon garçon et qu'il la rendra heureuse. Aucun bien ne pourrait résulter de son projet, mais le nôtre est moral jusqu'à la moelle. Un monde de différence, ma chère Juliana, un monde de différence.

Lorsque Cynthia est sortie, c'était sous la surveillance de Mme Tremenheere. Puisqu'elle devait sortir, il était plus sûr pour elle de le faire avec la mère d'Anthony. Elle a traversé deux saisons de routine conventionnelle, a refusé de nombreuses offres de mariage, et à chaque fois est revenue joyeusement à Lafer et à son amitié avec les Tremenheeres. Jamais l'amiral ne craignit un instant pour le succès de son plan.

C'est le jour de son ordination diaconale qu'Antoine lui demanda d'être son épouse. Elle a promis qu'elle le ferait. Cela semblait être la seule séquence naturelle.

Pourtant, elle hésita à accepter sa bague. Il allait en Terre Sainte, fallait-il qu'ils s'engagent ouvertement jusqu'à son retour ? Il sourit et insista, et elle céda. Mais la première graine de méfiance envers elle-même germait dans son cœur. Durant son absence, elle devint peu à peu agitée et insatisfaite. Tout le monde autour d'elle remarqua le changement. L'amiral, aveugle, attribua cela au manque d'Anthony ; mais Cynthia réalisait chaque jour plus clairement que cela venait de la crainte de son retour, car leur mariage devait bientôt suivre. Elle aspirait au bon vieux temps de l'amitié et s'est enfin avoué qu'elle avait commis une erreur, elle ne l'aimait pas. Quand il revint, ce fut avec une grande tristesse, car elle rompit ses fiançailles.

Les mois suivants furent incroyablement amers. Pour la première fois de sa vie, elle se retrouva confrontée au malheur. Pour elle-même, elle s'en fichait, mais savoir qu'elle avait blessé et déçu ceux qu'elle aimait lui coûtait bien des larmes. Et Anthony l'adorait ; il ne se marierait jamais sans elle ; c'était un homme au cœur noble et il lui manquait. Il lui avait fait comprendre que ce devait être tout ou rien ; s'il n'était pas son mari, il ne pouvait être son ami fidèle qu'à distance. Les vieux rapports sexuels familiers avaient disparu. Une année misérable s'écoula ; il lui a demandé à nouveau mais elle a refusé ; pourtant, comme elle n'aimait personne d'autre, il espérait toujours. Elle trouva un autre chaperon et monta en ville comme d'habitude, revenant divertir les fusillades de l'amiral et glissez-vous dans un hiver maussade. Mais ce n'était pas aussi grave que le précédent. Mme Hennifer, qui était l'amie des deux, persuada Anthony de s'en aller. Il abandonna sa curation et se rendit à Delhi pour une mission de traduction de la Bible dans certains dialectes hindous ; il était plus érudit que prêtre, et le travail était agréable. En son absence, l'amiral cessa de harceler Cynthia, et peu à peu Mme Hennifer, plus encore que la patience séduisante et désarmante dans laquelle sa dureté disciplinait Cynthia elle-même, réussit à réduire la brèche et à redonner à la salle son ancienne atmosphère d'affection.

Pendant l'absence d'Anthony de quelques années, le doyen mourut et il revint à l'héritage des biens concernés. Mais il n'en vivait pas. S'il est en Angleterre, il doit être près de Cynthia. Il prit une maison près de la

Cathédrale, accepta un canonisme honoraire pour plaire à sa mère en gardant un lien avec le prestige ecclésiastique du lieu, et consacra son temps à étude. Sa bibliothèque était à l'étage, et Cynthia savait qu'il s'était intéressé à l'un des bûcherons pour l'abattage d'un arbre et l'élagage de certaines branches qui cachaient sa vue sur la salle.

Un jour, il le lui montra en lui expliquant avec quelle habileté il avait été géré. Ses manières lui prouvèrent aussi bien que des mots que le temps n'avait pas éteint son affection. Cela lui avait appris à endurer, tout en restant heureux et utile. Il n'avait pas prié pour en demander davantage. Elle resta longtemps silencieuse à la fenêtre. Il ne l'avait jamais autant touchée. Il y avait en lui un courage si noble et si simple que le pathétique de tout cela la submergea presque. Finalement, elle se tourna et sourit en tremblant.

« Anthony, dit-elle, j'aurais donné tout ce qui sera un jour à moi pour pouvoir être ta femme.

Il n'y avait aucune incertitude dans son sourire. C'était rapide et lumineux.

«Je sais que tu le ferais, Cynthia. Rien n'est de votre faute, c'est notre malheur commun. Vous pouvez encore trouver un bonheur parfait. Quant à moi, je serai fidèle, comme vous l'auriez été si vous vous en souciiez. C'est mon bonheur, et pouvoir être si près de vous, je peux en jouir maintenant – « si près et pourtant si loin », ajouta-t-il après un moment de pause.

Son ton était plus mélancolique qu'il ne le pensait. Cynthia se sentait sur le point de céder à une soudaine impulsion forte à laquelle elle était poussée à se fier. Elle tendit la main. Mais il ne regardait pas. Il avait regardé et avait été déconcerté. Il s'était cru plus fort. D'un mouvement précipité, il se tourna vers la table et prit une brochure, enroulant ses bords avec des doigts qui auraient pu à ce moment se refermer sur ceux de Cynthia Marlowe, en sa possession à vie. Son courage a échoué. Elle est allée de l'autre côté de la table et inspecta l'accumulation de livres et de papiers ; Elle le savait, la plupart étaient en hindostānee et en sanskrit. Ce spectacle ne l'a pas effrayée. Au contraire, cela lui redonnait courage.

"Anthony, tu connais cette phrase—

"Je ne comprends pas, j'aime"

dit-elle; « Maintenant, dans combien de langues pouvez-vous conjuguer ces verbes ? »

Mais il ne leva pas les yeux, et la nervosité rendit son ton trop joyeux. Il n'a jamais vu la lumière dans ses yeux qui aurait enfin répondu à la question dans les siens.

— En neuf langues et une douzaine de dialectes, dit-il d'un ton léger.

Elle n'avait pas réussi à transmettre ce qu'elle voulait dire. Ses lèvres se fermèrent. Elle ferma les yeux, se sentant un instant faible et fatiguée. Lorsqu'elle lui souhaita au revoir, il crut qu'elle le regardait étrangement. Mais il ne devinait pas la vérité et ne savait pas qu'il n'avait pas réussi à prendre la marée « au moment du déluge ». Dans un Quelques jours plus tard, elle a cessé de se demander ce qu'était la vérité.

Peu après, la sœur de Tremenheere, Theodosia Kerr, avec qui elle correspondait régulièrement, percevant de l'apathie dans ses lettres et une résignation exaspérante dans les siennes, se jeta dans la brèche en lui proposant de voyager avec elle et son mari. Kerr était délicat et, après une croisière en yacht en Méditerranée, il allait passer l'hiver à Jersey. Le plan a plu à Cynthia. Elle n'avait jamais voyagé, découvrit qu'elle avait un grand désir de le faire et se dirigeait rapidement vers leur yacht à Southampton Water. Mme Kerr, dans sa sagesse supérieure de femme mariée, avait l'intention de lui donner ce qu'elle disait à son mari comme « un bon bouleversement », puis d'emmener Tremenheere tranquillement à Jersey à l'automne ; le résultat devait être tout ce que tout le monde pouvait souhaiter !

Trois mois plus tard, la nouvelle parvint à Lafer Hall, ce qui sema la consternation dans l'âme de Mme Hennifer, et l'envoya immédiatement chez Old Lafer pour voir Mme Severn. La conséquence fut que quelques heures plus tard, Mme Severn était de nouveau aux Mires.

CHAPITRE VII

AUX BOUVIERS

Il serait impossible d'imaginer un endroit plus abandonné de Dieu que les Mires. Même en cette glorieuse journée de la fin août, cela semblait morne et inquiétant. Le groupe de maisons en pierre, pour la moitié sans toit, avec les murs intérieurs blanchis à la chaux visibles à travers les interstices déchiquetés où se trouvaient les fenêtres et les portes, s'éparpillait autour d'un marais dont les flaques d'eau brillaient comme des écailles parmi des touffes de joncs et de mousse visqueuse perfide. Le creux ressemblait à une coupe. Il n'y avait pas de lingue sur ses côtés, ils étaient recouverts d'une courbure sèche et dure, à travers laquelle soufflait la brise. À un endroit, celui-ci a été défiguré par un monticule de déchets schisteux marquant l'emplacement d'une ancienne mine de charbon. Ses filons avaient été épuisés depuis des années, et les mineurs parcouraient maintenant péniblement un mile jusqu'à un puits à la lisière des sapins qui séparaient le Hall et le Vieux Lafer. A une extrémité, un ruisseau suintait des joncs et s'éloignait d'un air désolé sur une couche d'argile. Le chant d'une sauterelle rendit le silence plus intense. La chaleur était accablante.

Quand Anna quitta Borlase, il recula un peu, hors de vue des chaumières. Anna a moitié couru, moitié glissée dans le virage. Hartas Kendrew était le cottage de la cheminée duquel la fumée s'élevait en volutes. Il était un peu à l'écart des autres et était en bon état. Scilla avait même essayé de le rendre joyeux en accrochant des rideaux à carreaux aux fenêtres et en plaçant quelques pots de géraniums et d'hortensias sur le rebord. Il sembla à Anna qu'ils étaient à bout de souffle, aplatis comme ils étaient contre les vitres fermées. Elle pensait au vieux Lafer, frais et doux, aux portes et aux fenêtres grandes ouvertes, et à la brise veloutée errant dans tous les coins. La vie de Scilla semblait désormais aussi étroite que ses fleurs. Après avoir été une jolie fille joyeuse, chantant son travail à Old Lafer, libre de tout souci et de toute responsabilité, elle était attristée par l'absence de son mari en prison et enchaînée aux humeurs ivres de son père.

Anna atteignit le bord du marais du côté opposé à celui de Kendrew. Jusqu'à présent, personne n'était visible. Maintenant, une silhouette est apparue dans l'embrasure de la porte. C'était Mme Severn. Elle s'approcha d'elle en agitant la main comme pour lui dire de rester là où elle était. Anna le fit en la regardant. Elle vit en un instant qu'elle marchait d'un pas régulier et pensa qu'elle n'avait jamais été aussi belle. Son incongruité avec son environnement semblait disparaître dans l'harmonie du vert argenté. arrière-plan. Elle marchait lentement, la longue robe noire qu'elle portait toujours traînant derrière elle, mais à moitié remontée sur un bras, akimbo sur sa hanche. La tête en forme de camée était tenue avec une dignité royale ; ses cheveux noirs étaient tressés en un nœud qui aurait enchanté un sculpteur. Le soleil semblait capter et souligner chaque courbe de sa silhouette. Elle n'était pas aussi pâle que d'habitude, et la teinte de couleur donnait à ses yeux une lueur profonde mais sans passion, qui semblait éclairer son visage à un degré extraordinaire. Elle les fixa sur Anna avec le mesmérisme silencieux qui faisait toujours parler quiconque à qui elle s'attendait à lui parler. Ils n'exprimèrent aucune émotion au-delà d'une attente qu'Anna sentait aiguisée par le défi. Anna, avec son feu d'indignation attisant chaque regard et chaque geste, bien que maîtrisé, formait un contraste absolu.

Alors qu'elle ne fut plus qu'à quelques pas, Anna se précipita et lui prit les mains. A peine l'avait-elle fait qu'elle ressentit le vieil amour, le vieux désir d'embrasser et de pardonner. Elle la tenait à bout de bras dans un examen d'où elle bannissait soupçons et reproches.

« Tu reviendras avec moi, Clothilde, dit-elle.

Mme Severn sourit et dégagea ses mains.

« Ne m'avez-vous pas apporté des vêtements au cas où je choisirais de rester ici ? dit-elle.

"C'est la dernière chose à laquelle j'aurais dû penser, ma chérie."

« Pourquoi es-tu venu, alors ? Dinah dans un sens, toi dans l'autre, juste pour faire des histoires inutiles.

"Elle ne savait pas que je pouvais venir ici."

'Comment as-tu? Qui vous a amené ?

'M. Borlase. Nous avons conduit.'

« Prissy l'a dit. Sa vue est ridiculement bonne. Je ne pouvais voir que le scintillement de roues au soleil. Est-il parti ? Veux-tu rentrer avec Dinah ?

« Oh Clothilde, ne parle pas si froidement. Avec toi et Dinah ?

Sa voix était basse, à peine plus qu'un murmure, mais elle parvint à la rendre claire et confiante. Elle s'est toujours fiée à son instinct pour traiter avec Mme Severn. Une décision simple et directe dans le cours envisagé était de peu d'utilité si elle pouvait être considérée comme décisive. L'opinion de Mme Severn était généralement renversée par l'acquiescement des autres, et son égoïsme était si déroutant qu'il était impossible d'être certain que quelque chose produisait l'impression souhaitée, à moins de l'avancer dans le but d'être contredit.

Elle ne répondit pas maintenant, mais se tourna et regarda à travers le marais jusqu'à la maison. Le soleil frappait violemment sa tête. Elle leva une main et la plaqua au-dessus de son front. Mais l'abri était insuffisant.

«Tu pourrais me prêter ton parasol, Anna», dit-elle.

« Bien sûr, je suis vraiment stupide quand j'ai mon grand chapeau. Mais je ne pensais pas aux parasols.

« Parce que tu en as un. Il fait certainement très chaud ici, dit-elle en posant le parasol sur son épaule et en le faisant tournoyer d'avant en arrière.

'Étouffant.'

« Et sur la crête, là où il y a du vent, la couleur de la lingue me fait mal aux yeux. J'étais assis là à lire. Il y avait un de vos livres sur la table du salon, un de Bret Harte. Je l'ai pris et je l'ai porté jusqu'au bout. Je ne savais pas que je le portais. Étrange!'

"Je pense que tu savais aussi peu ce que tu faisais d'autre."

Il y eut une autre pause. Anna soupçonnait une indécision, mais ni le visage de Mme Severn ni l'assurance de sa silhouette ne trahissaient aucune indécision. Elle se tenait debout, reposante. Pourtant, elle réfléchissait certainement profondément.

« Aucune des fenêtres ne s'ouvre », dit-elle soudain.

Anna ne pouvait s'empêcher de sourire.

« Est-ce que Hartas les a scellés depuis votre dernière visite ?

«Il n'a jamais fait un temps pareil. Et Prissy ne laissera pas le feu s'éteindre ; elle aime que la bouilloire soit toujours en ébullition.

"Je ne me demande pas quand c'est la seule eau à avoir."

« Ce n'est pas sa raison, bien sûr.

Une autre silhouette émergea alors de la maison. Ils reconnurent tous deux Dinah. Elle resta un moment debout, protégeant ses yeux de sa main, les regardant. Puis elle poursuivit son chemin rapidement et gravit la pente dans la direction où se trouvait le vieux Lafer.

Mme Severn jeta un regard attentif à Anna.

« Elle rentre chez elle », dit-elle. « Maintenant, vous conduiriez à nouveau avec M. Borlase. Je suppose qu'il vous emmènerait au parc, et le vieux pont et East Lafer.

Anna rougit, mais c'était de colère.

« Là n'est pas la question », dit-elle. « Mais je ne rentrerai pas à pied si tu ne m'accompagnes pas, Clothilde. Si vous y allez, nous traverserons la lande jusqu'au bois. Cela prendra moins de temps, et si nous ne pouvons pas rentrer à la maison avant papa, nous devrons alors faire semblant d'avoir fait une promenade pour le plaisir. Mais le trajet me reposerait. Je suis fatigué. Vous m'avez alarmé. Et puis, je n'ose pas te laisser ici.

Mme Severn rit, une rougeur de colère lui montant au visage.

« Vous êtes une oie, *n'osez* pas ! dit-elle. 'Et pourquoi pas? Vous devez me laisser faire ce que je veux. Vous savez que je peux me faire plaisir maintenant de venir ici, mais comme cela fait si longtemps que je ne suis pas venu que vous pensiez que je ne devrais plus jamais le faire, vous êtes désolé parce que je l'ai fait. Je n'aurais pas dû venir sans que Mme Hennifer n'ait appelé ; Je ne peux pas la supporter. Elle devra apprenez à vous tenir à l'écart du vieux Lafer – non, elle doit venir comme d'habitude, plus souvent si elle le souhaite – et elle a parlé de Miss Marlowe. En réalité, les affaires de Miss Marlowe ne me concernent pas – et il y a une erreur, j'en suis certain. Mais sinon, qu'est-ce que… »

Sa voix était devenue précipitée et hésitante. Elle s'interrompit brusquement et, au même instant, transférant rapidement le parasol d'une épaule sur l'autre, l'interposa entre Anna et elle. Anna fut frappée pour la première fois par le fait qu'elle n'était pas elle-même habituelle. Était-il possible qu'elle se soit trompée, qu'elle ait bu ? Mais cette terrible peur est morte à la naissance. Elle était convaincue que non. Mais quelque chose n'allait pas. Quoi qu'elle soit, elle n'a jamais été incohérente dans son discours. Qu'avaient à voir Mme Hennifer et Miss Marlowe avec elle, sinon dans le cadre ordinaire d'un appel et d'une petite conversation ? – mais elle parlait encore.

"Vraiment, je ne pense pas pouvoir supporter le matelas floqué de Prissy par cette chaleur, et je suis certaine que cette tourbière sent mauvais", dit-elle en se tournant à nouveau et en regardant Anna.

«Je suis certain que oui. Les tourbières le font toujours en cas d'évaporation rapide.

« Vous êtes très scientifique, aussi sec soit-il si la chaleur dure. Quiconque entre dans cet air impaludé pourrait bientôt avoir de la fièvre.

Le visage d'Anna devint momentanément sévère.

« Tu dois t'asseoir dans la maison, Clothilde. Hartas éloignera la fièvre en fumant du mauvais tabac, en buvant du gin et en mangeant des oignons.

« Je suis assise à l'étage, Anna, et cela a toujours été très confortable. Mais depuis que je suis ici, ils ont enlevé le toit de chaume et ont recouvert le toit d'ardoises, et les ardoises attirent le soleil à un degré effrayant.

"En fait, Old Lafer est tellement plus à l'aise que vous y retournerez", dit Anna d'une voix étouffée.

Mme Severn ne la regardait pas, sinon elle aurait été prévenue de ce qui l'attendait. En fait, elle sourit avec indulgence.

« Ne nous disputons pas, Anna. Vous savez que je ne dispose que de moyens très limités pour faire ce que je veux. Je pense toujours que vous devriez tous être reconnaissants que je sois venu ici au lieu d'aller à Wonston, ce qui causerait encore plus de scandale.

Elle posa la main sur son bras tout en parlant, moitié avec confiance, moitié pour l'aider à marcher, car elle se tourna maintenant vers la chaumière.

Mais Anna se secoua comme si elle était piquée et recula en fixant sur elle un regard de méfiance répugnante.

« Clothilde, s'écria-t-elle, je ne te laisserai plus jamais ici. Vous êtes fou de parler si légèrement. Je vais vous dire la vérité. Je sais tout. Scilla a dit à Dinah que tu avais bu la dernière fois que tu étais ici. Si je te laissais ici aujourd'hui, elle me préviendrait. Mais je ne vais pas. Vous pourriez recommencer. Si tout le monde ici savait que la vérité parviendrait à papa. Si je peux l'empêcher de le savoir, je le ferai. Vous avez peut-être pensé que je ne devais pas vous quitter et avez inventé toutes ces excuses stupides pour donner l'impression que vous vous plaisiez en rentrant chez moi. Clothilde, tu rentreras avec moi ou tout le monde saura la vérité. Même une vérité honteuse est parfois mieux connue ; c'est le salut au lieu de la damnation. Clothilde, je ne savais pas comment te trouver aujourd'hui. Si je vous avais trouvé comme il eût été honteux de vous trouver, j'aurais dit toute la vérité à M. Borlase, et il m'aurait aidé, — n'importe quoi pour vous sauver de vous-même ! Mais je ne vous laisserai pas ici. Maintenant tu sais que je sais tout, que... »

' *Tous?* " dit Mme Severn. Elle avait écouté, abasourdie, à moitié terrifiée. Anna ne lui avait jamais parlé avec une colère absolue auparavant. Mais elle s'attendait à davantage : une nouvelle condamnation. Maintenant son visage s'éclaircit avec un soulagement qui était inexplicable à Anna, et qui la fit s'arrêter brusquement.

' *Tous?* " répéta-t-elle.

«Oui», dit Anna avec passion. — Comment peux-tu agir ainsi, Clothilde ? Allez chercher votre bonnet et nous commencerons immédiatement. Allez, Clothilde.

Mme Severn haussa les épaules, mais fit ce qui lui était demandé.

Anna se précipita vers le sommet de la colline. Ses paroles passionnées n'étaient qu'un pauvre exutoire à son ressentiment grandissant. Elle était étouffée. Elle avait envie de se jeter à terre et de crier sa douleur et son dédain. Elle n'avait rien imaginé d'aussi faible, d'aussi déroutant. Elle ne pouvait pas s'étonner du mépris d'Elias. Il lui semblait possible que si M. Severn savait tout, il pourrait un jour la rejeter ; la répulsion des sentiments pourrait l'y pousser.

Au sommet de la colline, elle s'arrêta. La charrette à chiens était à une douzaine de pas plus loin. Borlase ne l'avait pas entendue et regardait l'autre côté. Il était assis avec les rênes tombantes et un bras jeté sur le dossier du siège. Son visage était de profil, mais elle pouvait voir l'expression d'une pensée profonde et calme. Cela l'impressionnait par la possibilité de contrôler cette chaleur blanche de dégoût colérique. Seule la fierté lui avait permis de calmer sa voix devant Clothilde. Les larmes s'étaient imposées dans ses yeux, mais Mme Severn, en observant superficiellement, avait attribué cette scintillation à la passion. Cette réaction était plus pleine de honte que ne l'avait été la révélation dans les rues de Wonston. La nouvelle impression de Clothilde devint la maîtresse ; pour une nature moins sérieuse et honnête, cela aurait pu être éphémère comme un fantôme. Pouvait-elle espérer un jour perdre son amertume ?

Mais tandis qu'elle regardait Borlase, son humeur se calma.

Son inconscience de sa présence, alors qu'il l'attendait, ajoutait à la force à son frein sur sa propre impétuosité dont elle avait été consciente auparavant.

Mais il y avait un intérêt au-delà de celui du caractère dans l'abstraction de son air. A quoi pensait-il, à qui ? L'émerveillement de savoir à qui l'autre pense est le germe du souhait et de l'espoir que la pensée puisse être celle de soi-même. Un pincement au cœur de peur jalouse s'ensuit. A ce moment, elle comprit qu'elle avait une bonté qui s'était efforcée de faire preuve de sollicitude, d'être individuelle. Ses paroles, ses regards et la pression de ses mains lui transférèrent un souvenir chaleureux dans son cœur. Il l'avait aidée, il l'aurait aidée davantage. Elle savait de quelle joie ils étaient au bord.

Pourtant, elle hésita. Elle se sentait perturbée. Doit-elle continuer malgré ses yeux lavés par les larmes, qu'il percevrait instantanément, ou revenir sans être vue et envoyer un message à Scilla ? Il est vrai qu'elle avait promis d'y aller elle-même. Elle voulait lui parler aussi, pour remercier lui, pour expliquer. Mais il semblait tout d'un coup qu'il serait beaucoup plus facile d'envoyer Scilla. Sa timidité était un abandon, mais elle ne le savait pas.

Et tandis qu'elle hésitait, il se tourna brusquement et leurs regards se croisèrent.

CHAPITRE VIII

« PÉCHÉ LE VOYAGEUR »

Ce fut un éclair de surprise la plus intensément ravie qui illumina le visage de Borlase. Son reflet survola le sien et elle lui sourit. La pleine connaissance de la vérité cachée des deux cœurs les transperça à la fois.

Son sourire l'a décidé. Il la connaissait bien. Il savait qu'elle avait été prise par surprise et qu'elle pourrait en vouloir à sa trahison involontaire envers elle-même lorsqu'elle s'en rendrait compte, comme elle pourrait le faire à un autre moment.

Elle n'avait pas bougé. Il lui semblait qu'elle s'attendait à ce qu'il aille vers elle. Son cœur fit un bond lorsqu'il réalisa qu'ici, enfin C'était ce qu'il voulait, elle n'était plus inconsciente. Il a vu un changement même dans l'équilibre de sa silhouette, elle était timide et incertaine. Pourtant, il y avait une lueur dans ses yeux, claire et constante, qui défiait son étrange confusion. Saisissant les rênes et le fouet, il se retrouva instantanément à côté d'elle. Il sauta et lui prit les mains.

« Anna, dit-il, tu sais maintenant ce que j'attendais, ce que je désire demander, ce que je veux faire de moi un homme heureux. Tu sais, parce que tu peux enfin me le donner, n'est-ce pas, ma chérie ?

Il la rapprocha.

« Donnez-moi le droit de vous réconforter dans tous vos ennuis », dit-il. « Partageons toutes les joies et les peines. Je t'aime depuis si longtemps. Veux-tu être ma femme, Anna ?

Pendant un instant, elle se détourna, sentant qu'elle pouvait à peine supporter qu'il voie son visage. Elle avait à moitié honte de son bonheur. Elle ne pouvait pas parler. Elle avait l'impression que il y avait un monde de bonheur dans ses yeux. Puis l'idée lui est venue que cela le rendrait heureux de le voir là-bas. Alors elle leva les yeux vers lui et il le vit.

« Et tu reviens avec moi ? dit-il au bout d'un moment.

Elle secoua la tête d'une manière qui lui exprimait un délicieux regret.

'Non. Clothilde s'en va, et nous allons nous promener dans la lande et dans le bois. Nous rentrerons plus tôt.

« Alors vous l'avez persuadée. Qui ne persuaderiez-vous pas d'être bon et de faire le bien ? Mais ne puis-je pas vous conduire tous les deux ?

« Oh non, Clothilde ne le ferait jamais, et que pourrions-nous dire à papa en guise d'explication s'il était à la maison le premier ? Et je ne l'ai pas convaincue, il n'y avait pas besoin de persuasion. Il ne faut pas trop penser à moi, m'idéaliser ou quoi que ce soit de ce genre… »

« Et quel est mon nom, commandant ? Borlase l'interrompit en riant.

'Votre nom? Geoffry, n'est-ce pas ? Oui.'

« Eh bien, alors, appelez-moi Geoff ou vos ordres seront nuls. »

"Cela peut attendre la prochaine fois", dit Anna avec piquant.

« Très bien, ce sera le cas. L'anticipation m'amènera d'autant plus tôt à Old Lafer pour voir M. Severn. Et j'écrirai à M. Piton. Je serai ravi d'affirmer ma propriété à Rocozanne. J'ai toujours été jaloux d'Ambrose.

Elle rit et murmura qu'elle devait partir.

«Oui, je suppose que vous devez le faire», dit-il. « Mais dis-moi, est-ce que tu pars plus heureux que tu n'es venu ? Oui? Et pas seulement parce que Mme Severn a été raisonnable ? Ai-je enfin une niche dans votre vie, sera-ce bientôt plus qu'une niche ? Il en est ainsi, n'est-ce pas ? Anna, souviens-toi que tu dois apprendre à être entièrement à moi. Je serai jaloux de tout le monde à Old Lafer, de M. Severn, de votre sœur, de toute la bande d'enfants.

Son visage lui montrait quelle musique ses tons enthousiastes étaient pour elle.

Elle-même n'aurait pas pu être plus impétueuse. Sa franchise la charmait. Eh bien, c'est possible ! C'était le gage le plus sûr du bonheur pour la vie. Il savait qu'elle était de la même nature. Pour ceux-là, il n'y a aucune crainte d'une de ces tragédies de la vie qui reposent sur un malentendu.

Anna redescendit rapidement dans le creux. Elle espérait que Mme Severn sortirait et ne l'obligerait pas à monter au cottage. Elle avait hâte de s'enfuir alors que les Mires étaient encore dépeuplés par les propriétaires de chalets occupés à leurs meules de tourbe et à leurs coupes de fougères. En plus, Hartas pourrait être chez lui. Elle redoutait sa bavarderie familière et la violence de sa haine menaçante pour l'amiral, qu'il ne perdait jamais une occasion d'exprimer à tout le monde.

Cependant, Mme Severn n'est pas sortie, mais Scilla l'a fait. Elle s'est précipitée vers elle L'air plus troublé et anxieux que d'habitude, pensa Anna. Elle était très jolie, avait une couleur fraîche et une quantité de cheveux blonds que ses constants promenades en plein air, sans chapeau ni cagoule, maintenaient dans un état grossier qui lui convenait et faisait ressortir sa couleur. Les rayons du soleil semblaient y être captés. Il y a des années, les rayons du soleil brillaient aussi dans ses yeux bleus limpides. Mais maintenant ils étaient tristes, un chagrin obsédant et une peur furtive y couvaient. Non seulement Kit était en prison avec son bébé sous un petit monticule dans le cimetière, mais il y avait des moments où elle osait à peine rester dans la maison avec Hartas. Anna l'avait souvent exhortée à le quitter et à revenir auprès du vieux Lafer. Mais elle ne le ferait pas. Elle avait promis à Kit qu'elle ne le ferait pas. Si elle ne respectait pas une promesse qu'elle lui avait faite, elle perdrait tout espoir de le garder dans de meilleures conditions lorsque son mandat serait terminé et qu'il serait de retour à la maison.

« Eh bien, Scilla, dit Anna, quand reviens-tu voir les enfants ?

« Bénis-les », dit Scilla, les yeux remplis ; 'et un autre bébé aussi. Mais oh, Miss Anna, je veux vous parler. Venez cependant. Ne nous laissez pas rester debout ou elle devinera peut-être ce que je vous dis. Père m'a dit que je n'avais jamais eu à te le dire, non, pas si elle le faisait encore et encore. Il déteste tout le monde depuis la punition du pauvre Kit, et il contribuerait à ruiner quiconque aurait quelque chose à voir avec l'amiral. Mais j'ai décidé de le dire si Mme Severn revenait un jour ici et demandait... Elle part avec vous mais cela n'a pas d'importance, elle y est allée et elle reviendra peut-être. Mademoiselle Anna, la dernière fois qu'elle est venue ici, elle a eu droit à une bouteille de...

Sa voix baissa. Ses yeux se fixèrent sur ceux d'Anna, l'implorant en silence de comprendre sans pour autant se laisser submerger. Oui, elle a compris. Il y avait une honte angoissée sur tout son visage.

Ils marchaient lentement. Juste avant En arrivant au chalet, Anna dit à voix basse :

« Je ne savais pas qu'Hartas le savait, Scilla. Dinah me l'a dit, elle pensait que c'était bien de le faire, et c'était bien. L'avez-vous déjà dit à quelqu'un ?

« Jamais, Miss Anna ; pas même Kit. Chère Miss Anna, elle en a demandé aujourd'hui. J'ai fait comme si nous n'en avions pas. Elle en aurait bientôt envoyé chercher. Et c'est ce qui a été ma crainte, qu'elle s'empare de Jimmy Chapman ou d'un des petits et les envoie. Alors tout ce que les Mires auraient su, et bien d'autres encore.

« Pensez-vous qu'Hartas en ait parlé à quelqu'un ?

«Je ne le pense pas», dit-elle; ajoutant à contrecœur : "J'ai parfois l'impression que s'il ne l'a pas fait, il attend son heure, il n'est pas du genre à laisser tomber les mauvaises choses."

Au grand soulagement d'Anna, et pourtant presque à sa grande terreur, elle découvrit qu'Hartas était sorti. Hartas Kendrew, doté de ces connaissances, était déjà devenu une puissance, un facteur dans sa vie. vie; elle se demanderait et aurait constamment peur de ce qu'il pourrait révéler, involontairement dans ses crises d'ivresse ou par méchanceté.

La petite cuisine de Scilla était vide de vie, à l'exception d'un chaton recroquevillé sur le Langsettle et profondément endormi. Le sol dallé était bordé d'un motif en argile à pipe, que Scilla renouvelait une fois par semaine. Certains échantillons étaient accrochés dans des cadres aux murs entre des groupes de cartes commémoratives de différentes tailles. Sur la haute cheminée se trouvait une rangée de cinq bouilloires en cuivre, toutes polies avec un reflet d'or, et au-dessus d'elles deux fusils à crochets. Une ligne de vêtements fraîchement repassés pendait au plafond ; des bas de laine séchaient sur la porte du four ; la couverture à repasser était toujours dépliée sur la table mais avait un coin retourné pour faire place à quelques tasses et soucoupes et une pâte à la rhubarbe. Scilla avait préparé du thé mais personne n'en voulait.

Lorsque Mme Severn entendit leurs voix, elle descendit avec son bonnet, un fragile élégante affaire de dentelle noire qu'Anna s'était étonnée qu'elle ait enlevée. Elle dit au revoir à Scilla avec son indifférence ordinaire. Mais Anna s'attarda derrière elle et l'embrassa d'une main passionnée qui l'assura de sa gratitude et de sa confiance. Scilla la regarda avec curiosité. Elle nourrissait depuis longtemps un espoir pour Anna. Elle avait hâte que cela se réalise. Et M. Borlase ne l'avait-il pas amenée ici aujourd'hui, et aurait-il pu la voir dans ce vieux problème et ne pas vouloir être son consolateur ? Elle ne le repousserait sûrement jamais. Il était bon, Scilla en était certaine. En marchant le long du marais et en la rencontrant, elle avait pensé qu'elle avait un air de préoccupation tranquille et heureuse. Elle voulait s'assurer qu'il en était ainsi. Son amour et son respect la justifiaient sûrement.

« Pourquoi me regardes-tu, Scilla ? » dit Anna, alors qu'ils se séparaient.

La sollicitude refoulée de Scilla se manifesta.

«Oh Miss Anna, je vous aime tellement», dit-elle dans un murmure précipité, «je veux que vous soyez heureuse. Es-tu? C'est une drôle de question après ce que je viens de vous dire, mais il y en a d'autres dans le monde qu'elle, (avec un signe de tête vers la porte), tandis que l'un apporte des ennuis, un autre apporte de la légèreté. Et tu es si bon, toujours le même ; on ne met pas un corps dans sa poche un jour et on ne se montre pas froid le lendemain. Vous m'avez toujours été d'une grande aide à Old Lafer. Si tu avais été là ce troisième hiver où j'ai été malade, je sais que Kit n'aurait jamais pris de mauvaises voies, car tu nous aurais dépanné, et lui n'aurait pas été tenté. Faites-moi confiance un peu plus, chère Miss Anna.

Elle n'avait jamais quitté son visage des yeux, et voyant la couleur qui s'étendait du cou aux sourcils lorsqu'elle le regardait, elle s'aventura jusqu'au bord et resta maintenant essoufflée.

« Comment avez-vous deviné ? » dit Anna.

« Alors c'est vrai ? s'écria Scilla avec ravissement, resserrant la prise de ses mains. «J'ai prié pour cela. Je pensais qu'il ne serait jamais assez stupide pour passer à côté de toi, un joyau que tu es ! Et tu as le cœur léger, hein ? Moi aussi quand Kit est arrivé à propos de Old Lafer, mais vous n'aurez pas le résultat que j'ai eu. Que Dieu te bénisse.'

"Ce n'est pas la fin pour toi, Scilla", dit Anna. « Vous passerez encore un moment heureux. »

Scilla eut un sourire d'avril. Puis soudain, elle éclata de rire. « Miss Anna, dit-elle, qu'en dira Mme Severn ? Personne ne voudra te perdre du vieux Lafer. Elle était en prise avec une amende il y a une heure, quand je lui ai dit "il y a vous et M. Borlase". Mais peu importe ce qu'elle dit. Des paroles insultantes peuvent vous approcher, mais ne vous en faites pas ; ils ne diront que du mal d'elle à mesure qu'ils les utilisent. Tout le monde sait ce que *vous* êtes au fond de votre nature.

Mme Severn avait continué son chemin et se tenait maintenant sur la crête, se découpant sur le ciel. Anna la rattrapa bientôt, et ils continua vite, raccourcissant le chemin en frappant dans la lingue. Sa colère avait fondu. La vieille tendresse était dans son cœur ; depuis quelques instants amers, il semblait en effet que la nouvelle honte devait l'apaiser. Ce n'est pas non plus son nouveau bonheur qui l'a inspiré. Sa colère avait dû humilier Clothilde, et elle ne supportait pas de penser qu'elle était humiliée.

Pendant la lourde marche à travers le Ling, elle a fait tout ce qu'elle pouvait pour être gentille. Ce beau visage, las et hagard d'une rare inquiétude qu'elle attribuait au désir de rentrer avant son mari, la touchait profondément. Elle l'aida à s'enfiler, relevant sa robe, projetant entièrement sur elle l'ombre de l'ombrelle, et espérant à chaque instant qu'elle pourrait toucher quelque corde sensible qui descellerait son cœur et donnerait quelque indice sur sa vie énigmatique.

Mais Mme Severn restait silencieuse, marchant les yeux baissés, mais la choisissant soigneusement chemin parmi les touffes de lingues. Anna, dans sa robe blanche et son chapeau de soleil, s'entendait facilement, mais les progrès de Mme Severn étaient laborieux. Elle avait l'air extraordinaire, une silhouette plus digne d'une scène que la lande, ses draperies noires à la fois belles et négligentes, ses bras nus jusqu'aux coudes, les cordons de dentelle de son bonnet disposés autour de son cou avec un effet de mantille, qui mettait en valeur sa silhouette. du contour fin de son visage. Toujours consciente d'elle-même, elle l'était désormais.

« Je me demande, si quelqu'un nous rencontrait, pour quoi devrions-nous être pris ? » dit-elle, alors qu'ils se reposaient un moment, appuyés contre le mur de la cabane à charbon. "Je pense qu'on pourrait me prendre pour une actrice égarée."

Anna pensait que cela était tellement plus proche de la vérité que prévu qu'elle ne dit rien.

"Et toi pour ma servante."

«Probablement», dit Anna, et elle repartit. Elle se sentait trop épuisée par les diverses émotions fortes qu'elle avait traversées. désaccord avec toute suggestion. Il semblait impossible de songer à atteindre le moi intérieur de Clothilde, mais elle ne pouvait s'empêcher de spéculer là-dessus. L'ouverture de la vie au cours des dernières heures avait accéléré ses perceptions. Une nouvelle expérience de l'influence que chacun peut exercer sur la vie qui l'entoure, apportant une ruée de possibilités insoupçonnées qui investissent la perspective de l'avenir d'un halo de responsabilités définies et sacrées, l'a amenée à une compréhension plus large des problèmes impliqués. en action, ainsi qu'à une remise en question plus poussée de leur ressort. Elle savait depuis des années que Clothilde n'aimait pas son mari ; mais elle considérait qu'elle n'avait ni capacité d'amour ni de haine, traitant ses émotions comme diffuses et incolores, et n'en étant pas plus malheureuse elle-même de son indifférence.

Mais maintenant, elle se demandait pourquoi elle ne l'aimait pas. Elle avait été surprise par la véhémence du ton avec lequel elle avait dit : «Je ne peux pas supporter Mme Hennifer.» Il ne s'agissait pas simplement de l'irritation irrationnelle d'un esprit enfantin qui n'aimait pas la désapprobation. Pourquoi ne l'aimait-elle pas ? N'avait-elle jamais pris soin de son mari ? Si tel était le cas, si elle avait la force de caractère de détester fortement l'un et de reculer avec tant de sensibilité devant l'autre, que son foyer devenait parfois insupportable et que toutes ses obligations conjugales et sociales étaient sacrifiées au seul désir dominant de s'en éloigner, alors doit être l'inverse du tableau, la comparaison doit jouer son rôle naturel dans son esprit, l'aversion pour l'un doit être accentuée par l'appréciation de l'autre, et le recul devant l'un par l'attraction vers l'autre. Avait-elle déjà aimé quelqu'un comme une femme peut aimer et aime ? Quelques courtes minutes d'expérience personnelle vivante lui avaient prouvé à quel point une vie s'articule sur une autre, tissant un réseau d'influences et de circonstances qui est complété ou laissé incomplet par la fragilité d'un seul fil. Y avait-il un fil cassé dans La vie de Clothilde ? Cette discorde aurait-elle pu être une harmonie ?

Le silence ne fut pas rompu une nouvelle fois avant leur retour à la maison. Le soleil se couchait alors qu'ils sortaient des bois de mélèzes sur le pont de bois qui traversait le ruisseau en contrebas des prairies. Le vieux Lafer était au-dessus d'eux sur le flanc de la colline, ses traînées de fumée se découpant dans le ciel. Au fur et à mesure qu'ils gravissaient les champs, les landes apparaissaient peu à peu, les derniers rayons du soleil frappant dans une brume dorée à travers les ombres bleues denses qui les modelaient. La vieille maison paraissait sombre et grise. Anna scruta chaque fenêtre alors qu'elle se tenait en équilibre sur le montant. Celle du salon était grande ouverte. Elle vit que M. Severn n'était ni dans son fauteuil ni dans celui devant le secrétaire où il écrivait la correspondance qu'il n'arrivait pas à terminer au bureau. La table à thé était également trop ordonnée pour que quiconque y ait déjà pris le thé. Elle entra dans la maison. Son chapeau n'était pas accroché à son support. Dinah l'entendit marcher alors qu'elle travaillait avec la porte de la cuisine ouverte, et, sortant, secoua la tête.

'Il n'est pas venu. C'est toi qui l'as amenée ? » dit-elle dans un murmure fort mais prudent ; et regardant au-delà d'elle pendant qu'elle parlait, elle aperçut Mme Severn en train de traverser les drapeaux.

« Que le Tout-Puissant soit remercié ! » elle a éjaculé. « Et hein, Miss Anna, j'ai préparé du miel pour le thé. Cela gardera les baärns tellement occupés, à les briser, à les salir et à les salir, qu'ils n'auront pas le temps de beaucoup parler. Maintenant, montez à l'étage et prenez une souse pour vous rafraîchir avant le thé. Ma parole, *elle* ressemble à la mort ! Et il y a des gâteaux-ceinture, ma chérie. C'est eux que vous privilégiez, et Maître aussi d'ailleurs, sauf qu'il n'est peut-être pas à temps.

Une demi-heure plus tard, ils étaient assis la table à thé. M. Severn n'était pas encore arrivé, et les bavardages des enfants étaient variés, comme d'habitude, par des pauses pendant lesquelles ils se stabilisaient tous pour écouter les sabots de son cheval, ou le fracas de la porte, ou sa voix appelant Elias.

Mais ils n'ont pas entendu les bruits de son arrivée aujourd'hui. Il les surprit en ouvrant doucement la porte et en se tenant juste à l'intérieur tout en enlevant ses gants. Ses yeux allaient de l'un à l'autre et se posèrent le plus longtemps sur sa femme. Elle était penchée en arrière, jouant avec la cuillère dans sa soucoupe et le regardait à peine. Néanmoins, il revint et l'embrassa.

« J'ai des nouvelles », dit-il en se dirigeant vers son siège. — Voilà enfin un peu d'excitation pour toi, Clothilde. Nous devons nous marier. Maintenant, qui est la mariée élue ?

«Mlle Marlowe, Cynthia», dit Anna.

« C'est Miss Marlowe, mais Tremenheere n'est pas un homme. Mme Kerr a été une mauvaise La directrice, ne sachant pas comment rassembler ses forces, y a pris trop de temps.

« Pas le chanoine Tremenheere après tout ! Et vous y avez déjeuné ; le savait-il ? Qui est-ce? Qui te l'a dit?'

« L'amiral me l'a dit. J'aurais aimé que ce soit le Canon, c'est mon cas. J'ai toujours pensé qu'elle reviendrait. Et elle est partie si simplement qu'elle était la seule à ne pas soupçonner le plan de Mme Kerr. J'étais sûr qu'elle s'y laisserait tout naturellement. Mais c'est un échec. Elle s'est engagée sans aucune permission auprès d'un homme qu'elle a rencontré lors de leurs voyages ; Danby, ils l'appellent, Lucius Danby. C'est un Anglo-Indien.

Il remuait son thé, Anna remplissait la théière. Personne n'a remarqué que la tête de Mme Severn était tombée en arrière et qu'elle glissait de sa chaise.

Pour la première fois de sa vie, elle s'était évanouie.

CHAPITRE IX

DES LETTRES

Cynthia était maintenant sur le chemin du retour. Ses projets de rester à Jersey jusqu'à Noël ont échoué. Dans une lettre, elle mentionna qu'elle avait obtenu une belle chambre à l'hôtel Bree et qu'elle se sentait bien installée pendant trois mois. Le lendemain, quelques jours plus tard, elle annonça ses fiançailles avec un homme qu'elle n'avait pas encore nommé et dont l'amiral et Mme Marlowe n'avaient jamais entendu parler. Elle et sa femme de chambre retournaient immédiatement à Lafer Hall, et M. Danby se rendrait en ville avec elles et les accompagnerait de là par le North Express.

C'était en effet prendre les choses haut la main. L'amiral était abasourdi. Il se précipita vers le chanoine Tremenheere, oublieux, dans son anxiété de savoir s'il avait eu des détails de Mme Kerr, sur les ennuis dans lesquels il pourrait se trouver. Il jura que Cynthy était une « chatte terre-à-terre ». S'il avait déjà pensé qu'elle le prendrait au pied de la lettre, il n'aurait pas assuré que son choix était entre ses mains. Il n'y a donc pas eu de lettre de Theodosia Kerr ? N'était-elle pas responsable de Cynthy ? À quoi pensaient-ils tous ? C'était vraiment un monde fou, il était temps pour lui d'être dans sa tombe, il ne pouvait pas supporter de tels tourbillons, Cynthy était peut-être une tétotum et s'attendait à les faire tous tourner avec elle.

« Écoute, Anthony », dit-il en bourdonnant autour de la bibliothèque de Tremenheere comme une mouche, tandis qu'Anthony était assis, les mains jointes derrière la tête et un air d'endurance, « J'ai toujours pensé que tu serais l'homme. J'ai toujours pensé qu'elle reviendrait. Elle connaît ta valeur, et tu es un si brave garçon, comparé, par exemple, à un petit baquet de marine comme moi. Mais je vais vous dire ce que c'est. Le diable même s'introduit dans ces femmes, aussi bonnes âmes soient-elles, bénissez-les, et soit elles ne savent pas ce qu'elles veulent, soit ne prennent pas la peine de se décider. Et dire qu'après toutes ces années, son imagination devrait être captée ainsi, en un tournemain. Elle s'est montrée trop bon marché ; c'est Cynthy partout, juste ce qu'elle fait, elle ne pense pas à elle-même. Si un mendiant lui sourit, elle ressent un spasme de bonheur et pense que tout le monde est rempli de bonheur.

« Mais comment savons-nous que c'est une décision précipitée ? » dit Tremenheere.

« Est-ce que Theodosia a déjà nommé cet homme ?

'Jamais. Mais elle n'écrit pas beaucoup.

« Alors bien sûr que oui. Écrivez à Theodosia maintenant, d'accord ? C'était son devoir impérieux de la renvoyer chez elle le à un moment elle soupçonna ses prétentions. J'avoue que c'est un bon nom, Danby, mais bénis-moi ! on voit Campbell au-dessus de la porte d'un magasin, et Spencer sur le chariot d'un marchand ! Et un Anglo-Indien aussi ! Je ne sais rien d'eux et je m'en fiche. Et puis penser qu'elle aurait pu vous avoir, sans parler du fils d'Ushire, qui l'aurait fait comtesse un jour. Vraiment, Anthony, c'est bon à transformer le sang ; ça va déranger mon foie, je sais. C'est peut-être un coquin, un chasseur de fortune, un joyeux andré, un homme marié, dit l'amiral, son imagination débordante et sa voix prenant un ton plus aigu à chaque nouvelle possibilité qui lui venait à l'esprit. Il était malheureux et désespéré. « Je ne peux pas le digérer, Anthony, » dit-il en s'installant à l'une des fenêtres et en paraissant mou et désespérément perplexe ; « Je n'arrive pas à le digérer. Ce n'est pas comme Cynthy. C'est une perte de dignité. Et elle, avec tout son charme et ses choix, et *vous* à sa disposition. C'est inconcevable ; Je n'arrive pas à y croire.

"Elle sera à la maison avant que je puisse avoir des nouvelles de Theo", a déclaré Tremenheere. Il était trop conscient de son propre manque d'entrain pour s'émerveiller devant celui de l'amiral. Mais je ne comprends pas qu'elle n'ait pas écrit. Il doit y avoir eu une erreur dans les mails. Elle aurait dû vous écrire, ou plutôt Kerr aurait peut-être dû le faire. Mais c'est un homme tellement facile à vivre, St. John. Cependant, si j'étais vous, Amiral, je ne m'inquiéterais pas. Je ne pense pas que le jugement de Cynthia lui aura fait défaut. Nous devons espérer le meilleur.

'J'espère que tout ira pour le mieux ! Cela signifie souvent le pire. Le meilleur ne viendra pas si nous restons assis, les mains jointes, à y réfléchir. Non, non, Anthony, et je n'accepterai aucun de vos aphorismes maudits : « Tout ce qui est est le meilleur », et toute cette fraternité philosophique. C'est une paralysie mentale rampante, c'est ce qu'ils sont. Je veux agir, agir, Anthony !

Il frappait du pied tout en parlant, et, vissant son lorgnon sur son œil, il regardait Tremenheere comme s'il souhaitait la contradiction pour le plaisir de la défier.

« Je le ferais, » dit Tremenheere, « certainement je le ferais, si j'étais vous, amiral. Il y aura de nombreuses considérations à prendre en compte dans le cas de votre petite-fille. Mais attendez qu'elle rentre à la maison et soyez calme, soyez calme. Ne l'alarmez pas. Je ne pense pas qu'elle ait imaginé comment vous l'aurez pris, comment vous le ressentirez. Les lettres ne feraient que compliquer les choses en se croisant, en faisant une fausse couche ou en n'atteignant pas. Elle sera bientôt de retour à la maison.

L'amiral se promenait de nouveau dans la pièce. Il écoutait, mais sans intention d'y prêter attention, jusqu'à ce que le ton avec lequel ces derniers mots furent prononcés frappa ses oreilles. C'était un ton qui ne ressemblait absolument pas à sa pétulance, celle d'un homme rechigné dans son désir le plus cher qui ne prévoit rien d'autre que des angoisses dans une proximité où l'espoir avait disparu. planait depuis longtemps, mais d'où il avait pris son envol pour toujours.

« Anthony, » dit l'amiral en l'atteignant rapidement et en posant sa main sur son bras, « je suis une vieille brute égoïste et confuse. Me voici en train de vous mettre sur les nerfs pour sauver les miens. Je vais. Viens avec moi. L'air de votre jardin vous fera du bien. Mais écrivez simplement à Théodosia, voulez-vous ?

Tremenheere hocha la tête en se levant.

Il ne voulait pas contrecarrer l'amiral, mais ce n'était pas à lui d'enquêter sur la question. Il savait à peine s'il aurait souhaité que Théo écrive ou s'il était reconnaissant qu'elle ne l'ait pas fait. Il a été abasourdi par la nouvelle. L'amiral l'avait lancé sur lui comme un boulet sorti de la gueule d'un canon ; et plus il y pensait, plus la tension brûlante de son cœur devenait intolérable. Il voulait être seul. Il se sentait sans pilote. Il avait eu du mal à se réconcilier avec l'idée que Cynthia voyage, même s'il avait confiance dans la confiance de Théo. bons offices et une vague impression qu'elle entendait accomplir quelque chose en sa faveur. Mais quand elle était à Lafer, il savait qu'il l'avait à proximité et en sécurité, qu'elle n'appartenait à personne d'autre et qu'elle était hors de portée de nouveaux admirateurs. Dans son esprit, il attribuait la négligence flagrante de Théodosie à la perte de leur sœur Julia. Julia Tremenheere, mariée à dix-sept ans, devint veuve quinze mois plus tard et se remaria deux ans plus tard. Son deuxième mari était également décédé. La nouvelle de cette perte parviendrait aux Kerr à Athènes. Il pouvait imaginer que le chagrin de Julia affecterait profondément Théodosia et qu'elle négligerait alors ce qui se passait dans son propre groupe de voyage. Mais dans l'humeur actuelle de l'amiral, il avait pris soin de garder cela en arrière-plan ; Endurer un traitement aussi brutal du chagrin de sa sœur ainsi que du sien était plus qu'il ne pouvait faire.

Tout au long de la croisière, Théodosie avait lui écrivait constamment, le tenait au courant de tous leurs mouvements et inférait qu'elle se souciait de ses intérêts. Il avait répondu régulièrement à ces lettres. Parfois, il joignait un mot pour Cynthia. Il ne l'avait fait que la veille. Une véranda s'étendait sur toute la longueur de sa maison et était ornée de vignes de Virginie dont les teintes pourpres resplendissaient maintenant sous le brillant soleil d'automne. C'était une de ses plantes préférées. La dernière fois qu'elle a appelé avant de partir, il lui a demandé si elle reviendrait à temps pour voir sa splendeur. Inconsciente des projets de Mme Kerr, elle avait dit oui, et lorsqu'il apprit qu'elle ne viendrait pas avant Noël, il lui écrivit pour lui faire des reproches, espérant que ses paroles pourraient entraîner son consentement à ce qu'il se rende bientôt à Jersey, puisque Mme Kerr le ferait. maintenant je le proposerai bientôt.

« Ma chère Cynthia, écrit-il, mon jardin est dans toute sa splendeur. La véranda est en tenue de gala. Je suis convaincu que la vrille qui a touché ta joue tandis que le vent la balançait - tu te souviens - j'ai entendu ta promesse, et je pense longtemps à toi comme moi aussi, car la plante entière est cramoisie tôt cette année. Vous savez quel avant-plan exquis cela forme alors pour la belle masse du Ministre derrière lui. Ne viens-tu pas être notre dernière rose de l'été ? Mieux vaut cela, chère Cynthia, qu'une rose de Noël ; c'est trop froid et trop pâle à mon goût. Ne soyez pas notre rose de Noël, si je ne dois pas vous voir avant cette heure, sinon je serai glacé par des pressentiments. Rentrez à la maison et laissez Kerr et Theo se dorloter. Tout le monde vous veut ici, comme vous le savez. Fidèlement vôtre, Anthony Tremenheere.

Après que l'amiral soit monté à cheval et soit parti, il se dirigea vers la véranda. Il connaissait la vrille qui lui touchait la joue au printemps. Il se leva et pensa à elle, l'imaginant alors qu'elle se tenait à ses côtés. Est-ce qu'elle lui rendrait visite à nouveau en tant que Cynthia Marlowe, et trouver l'occasion d'une de leurs discussions tranquilles ?

Il pensa à son mot, elle aurait commencé avant qu'il n'atteigne Théo ; elle ne le lui transmettrait sûrement pas. Il sentait maintenant, avec des picotements de sang, que c'était comme un amant, et ils furent séparés quand il l'écrivit. Pendant un moment féroce, il s'est rebellé contre la cruauté de cette ignorance qui entoure nos actions humaines et dont il est facile de penser que les démons doivent se moquer. L'amertume lui monta au cœur ; qu'est-ce que l'émotion sinon un piège ? Puis il se ressaisit. Cette chose, inconcevable mais vraie, pesait sur lui depuis des années. Maintenant, le coup était tombé. Ce qu'il pensait être de l'espoir n'était après tout qu'un suspense. Apparemment, il n'aurait même pas besoin de réajuster sa vie. Il avait prié pour son bien-être. Si elle avait bien choisi, cette prière serait exaucée. L'amitié ne doit pas être sacrifiée ; son mari, ses enfants devraient contribuer à ses intérêts. Son L'œuvre de sa vie était sur la table de sa bibliothèque, mais elle ne devait pas le transformer en Dryasdust. Il se décida à l'aimer encore en se rejetant lui-même.

Le lendemain, il a eu des nouvelles de Mme Kerr. Un examen des cachets de la poste lui apprit qu'il avait été prévu qu'il entendît en même temps que l'amiral.

« Mon très cher Tony, écrivit-elle, j'ai de mauvaises nouvelles pour toi et j'aurais aimé de tout mon cœur ne jamais avoir entrepris Cynthia. Je savais qu'elle serait attirante, mais je ne pensais pas que cela servirait à quelque chose pour son propre compte. J'avais l'idée préconçue que notre voyage lui prouverait qu'il n'y avait personne comme toi au monde. Et voilà, mon cher vieux, qu'elle nous a électrisés en nous annonçant ses fiançailles avec un homme que nous n'avions pas reconnu pour prétendant. Nous l'avons rencontré d'abord à Ajaccio, puis il est arrivé à Zante et enfin nous l'avons retrouvé à Saint-Hélier. Pourtant, je ne me doutais de rien. St. John, qui était avec elle, quand il les a affrontés ici, l'a fait. Vous savez comme la couleur vole, *vole positivement* sur ses joues ; eh bien, c'est comme ça que ça s'est passé, dit St. John, quand elle l'a vu. Il me l'a dit, mais je l'ai fait caca. Elle a été une preuve pendant si longtemps, et il y avait toi. Cependant, tout et tout le monde, sauf M. Danby, sont désormais oubliés ; Saint Jean dit qu'il s'agit carrément d'un cas d'évangélisation : toutes ses idoles sont jetées sur les taupes et les chauves-souris. Il la taquine terriblement ; elle s'est coiffée en filets et il dit qu'il sait maintenant pourquoi, car M. Danby aimait tant les filets de chevreau à Ajaccio. Bien sûr, tout cela n'a aucun sens. Mais que dira l'amiral ? J'ai discuté avec elle ; Je lui ai dit qu'elle n'aurait jamais dû être fiancée ici mais qu'elle l'avait laissé venir à Lafer. Vous savez à quel point elle rit quand elle est heureuse ; eh bien, elle s'est contentée de rire : « Théo, dit-elle, ta sagesse mondaine garde les jardins des Hespérides. "Jardins des bâtons de violon !" dis-je. Mais tout est inutile. Elle fait ses valises maintenant et sera à la maison presque avant votre arrivée. ce. St. John dit que je devrais écrire à Mme Marlowe, mais cela veut dire l'amiral, et je ne sais pas ce que je peux dire, sauf que ce n'est en réalité pas plus de ma faute que si je lui ai demandé de venir avec nous. Oh, Tony, mon très cher garçon, j'aimerais pouvoir te voir ! Mais ne vous en faites pas et faites-moi savoir ce que vous pensez de M. Danby. Bien à vous, Theodosia Kerr.

Tremenheere resta longtemps assis avec cela devant lui. Il connaissait le style d'écriture de Théo, mais il l'avait excusée alors qu'il n'y avait vraiment rien à dire : il ne s'attendait aux lettres d'un Disraeli que par égoïsme. Mais quand il y avait quelque chose à dire, il s'était attendu à ce qu'elle soit capable de le dire. Et voici que la tragédie était transformée en comédie, un drame brouillé de manière disproportionnée. Il avait voulu savoir ce qu'elle pensait de Danby, ce que Kerr pensait de lui. Et voici que le jugement était jeté sur ses épaules.

'Bon dieu!' il pensa : « Comment puis-je apprendre à le connaître ? C'est exactement ce que je ne peux pas faire tant qu'elle ne l'a pas épousé.

Il se tourmentait à cause de cette exigence de son opinion. Qu'est-ce que cela signifiait ? Étaient-ils insatisfaits ? Kerr était-il méfiant ? Même Théo avait des doutes ? S'ils l'avaient apprécié avec un véritable penchant britannique, ne l'auraient-ils pas dit ? Ce flou était-il intentionnel : « Nous ne l'aimons pas, n'est-ce pas ? Il connaissait cette couleur volante sur les joues de Cynthia ; il pouvait entendre son rire joyeux. Il restait assis maintenant, pensant à eux. Elle doit être heureuse. Le serait-elle si elle avait un doute sur cet homme ? Elle ne pouvait pas être complètement aveuglée, il devait être formidable si elle était si heureuse.

Alors il fut pris d'une grande envie de la voir aussitôt, dès son arrivée, pour en juger par lui-même. Son agitation était intolérable. Il doit s'en sortir. Il irait voir Lafer et lui demanderait s'ils avaient avait un télégramme. Était-elle arrivée à Londres ? Quand arrivaient-ils ? Par quel train devaient-ils arriver ?

Il a vu Mme Hennifer. L'amiral était dehors avec l'un des bûcherons ; Mme Marlowe n'était pas déprimée ; cette nouvelle l'avait tellement troublée qu'elle n'était plus sortie de sa loge depuis. Ils avaient entendu dire que Cynthia devait arriver ce soir-là. Il se dirigea vers la fenêtre et resta longtemps silencieux. Mme Hennifer restait au milieu de la pièce, également debout. Un air d'indécision inhabituelle se lisait sur son visage. Elle ne savait pas ce qu'elle osait dire de tout ce qu'elle avait en tête.

Tremenheere se tourna enfin et la regarda.

«Je souhaite vraiment voir Cynthia», a-t-il déclaré.

« Vous devez monter demain, ou nous descendrons en voiture.

« Non, non plus. Je veux la voir ce soir. Dites à l'amiral que je vais la rencontrer et la mettre dans la voiture.

« Cela fera très bien l'affaire. Mme Marlowe ne peut pas m'épargner, et l'amiral est trop péremptoire en la matière pour parler de manière cohérente dans la voiture.

'Naturellement. J'espère qu'il sera doux avec elle ; vous serez à portée de main, n'est-ce pas ? Il faut aussi que quelqu'un la rencontre, sinon ce serait si triste. Merci.'

Il prit son chapeau et son bâton, tandis que ses yeux parcouraient lentement la pièce. C'était la salle du matin, et l'ouverture depuis les salons avait souvent été utilisée à leur place comme étant plus confortable après le dîner en hiver. Une petite table en bambou avec une chaise basse à côté était à elle. Combien de fois avaient-ils joué aux échecs ensemble ou discuté, Cynthia avec un ouvrage de soie brillant dans les mains. C'était douloureux pour Mme Hennifer de voir la tristesse de son visage. Il s'est approché et a tendu la main. Elle l'a pris dans les siens et le regarda sérieusement, sa silhouette mince et anguleuse se détendant suffisamment pour se pencher légèrement vers lui.

"Canon, ce ne sera peut-être jamais un mariage", a-t-elle déclaré.

"Jamais un mariage!" Il a répété. « Chère Mme Hennifer, ce serait, je le crains, un chagrin pour elle.

"Elle a dû être un peu précipitée."

"Mais la hâte n'entraîne pas toujours l'erreur."

«Elle découvrira peut-être qu'elle n'en sait pas assez sur lui. Il a quelques années de plus qu'elle. Elle finira peut-être par se rendre compte que ce n'est pas souhaitable.

'Vrai. C'est possible.'

— Mais c'est improbable, pensez-vous. Cela entraînerait des désagréments. Pourtant, la rupture pourrait être un arrangement mutuel ; ça pourrait.

Il resta silencieux, luttant contre l'espoir désespéré qui surgit à nouveau à cette suggestion. Cela l'a pris par surprise. Il avait déterminé que les manières de Cynthia ce soir-là devrait décider irrévocablement de son avenir. Il se battrait sans suspense et ne souffrirait d'aucune paralysie due à l'indécision. Enfin il sourit légèrement, ce sourire d'un éclat si rare, doucement brillant qu'il tombait comme une bénédiction partout où il était accordé.

«Vous voulez adoucir les choses pour moi», dit-il. « Dans votre bonté d'âme, et parce que vous nous avez connus, elle et moi, enfants, et dans l'amour que j'ai pour elle depuis, vous ne souhaitez pas que j'aie à supporter ce qui est dur. Je trouve cela difficile, mais je préférerais que ce soit mille fois plus difficile que que le chagrin ne se mette sur son chemin. Je l'aime encore et je l'aimerai éternellement, mais c'est et ce sera avec « respect de soi, connaissance de soi, maîtrise de soi ». Prions Dieu pour qu'il n'y ait pas d'erreur, et si elle épouse Danby, ce sera peut-être un mariage heureux.

Mme Hennifer ne pouvait pas en dire plus. Il n'était pas opportun que quiconque, à part Mme Severn et elle-même, sache que Lucius Danby leur était connu jusqu'à ce que Cynthia elle-même le sache. Il était peu probable que ce savoir lui appartienne déjà. Mme Hennifer pensait que si Mme Severn était digne de confiance, il était possible que ce bon souhait de Tremenheere se réalise. Elle avait du mal à se réconcilier encore avec l'idée de ce mariage, car sa conception de la dignité de Cynthia était fastidieuse. Elle était également convaincue que si l'amiral savait que les fiançailles de sa petite-fille concernaient un homme qui avait été fiancé à la femme de son agent et abandonné par elle, la proposition de Danby se heurterait à un refus sans cérémonie et indigné.

CHAPITRE X

OPINIONS À LAFER HALL

Tremenheere était en avance à la gare ce soir-là. Les soirées étaient désormais courtes et les lampes étaient allumées. Il arpentait la plate-forme en attendant, son regard passant de la ligne dont la courbe lointaine se perdait dans l'obscurité jusqu'au ciel étoilé qui la couvrait. C'était un homme grand et mince, avec des épaules légèrement voûtées. À l'extérieur, il portait un manteau d'Inverness. Son teint était basané, ses traits fins étaient pleins de sensibilité. Sa tête était savante, et il portait ses cheveux noirs légèrement bouclés plutôt longs ; ses yeux étaient perçants, le rare le sourire était une illumination sur tout son visage. Tout le monde sur la plate-forme le connaissait ainsi que sa mission ; et Wonston savait déjà aussi que Miss Marlowe n'allait pas l'épouser. Le valet de pied du Hall, flânant dans le bureau des réservations, le cocher sur sa loge, chacun avait son groupe de commérages, désireux de recueillir chaque morceau de la grande nouvelle qui avait profondément ému Wonston.

Et maintenant, le train était signalé. Il entendit le clic du sémaphore qui tombait. Quelques instants plus tard, un nuage de fumée rose traînait au-dessus d'un point sombre sur la ligne. La cloche sonna, il y eut une agitation soudaine et un roulement de chariots, et le train entra. En le dépassant, il aperçut Cynthia. La lumière dans la voiture brillait en plein sur son visage et elle souriait. Mais elle ne l'a pas vu. Il marcha à ses côtés et ouvrit la porte. Malgré ses efforts et sa résolution, son visage brillait d'émotion.

"Eh bien, Cynthia!" il a dit.

Son regard s'éclaira sur lui avec surprise mais sans gêne. Elle avait l'air ravie de revoir un vieil ami, rien de plus. Son cœur se serra. Il comprit alors que, malgré lui, il avait encore espéré. Il croyait tout maintenant. Son éclat, son rire joyeux, n'étaient pas pour lui.

« Toi ici, Anthony ; comme c'est gentil de ta part. Tout va bien à la maison, j'espère ?

Il lui tendit la main et elle sauta à terre. Il l'a précipitée dehors. Il lui sembla soudain qu'il devait avoir un aspect étrange, différent de lui-même ; en tout cas, tout le monde se pressait pour la regarder. Il la fit monter dans la voiture. Elle le supplia de venir aussi, ils feraient le tour de la Cathédrale. Mais il préférait marcher. Il resta silencieusement, le bras sur la porte, écoutant son récit sur les Kerr, jusqu'à ce que la femme de chambre et les bagages apparaissent. Puis il se pencha en avant et lui saisit la main. Il ne parlait pas, il la regardait seulement : « Non un mot, aucun geste de reproche ! Et

Cynthia, se jetant en arrière dans le coin de la voiture, trembla soudain jusqu'aux larmes. Ils coulaient pour « les jours qui n'étaient plus », pour la fidélité qui n'avait pas gagné l'amour, pour Antoine laissé seul. De nombreux chemins de joie sont arrosés de telles larmes ; ils lui font exhaler de l'encens.

Un peu plus tard, l'amiral se tenait sur le tapis de la cheminée du salon de Lafer, agitant alternativement sa montre et sa crosse blanche. Il s'était habillé plus vite que d'habitude et, au lieu de s'attarder dans la chambre de Mme Marlowe jusqu'à ce que le gong retentisse, il était descendu dans l'espoir que Cynthia serait en retard après son voyage. Il voulait quelques mots avec Mme Hennifer, qui avait conservé son calme pendant la réunion, alors que lui avait été excité et Mme Marlowe émue. En effet, Mme Marlowe allait dîner à l'étage, mais elle avait chargé l'amiral d'avoir une conversation privée avec Mme Hennifer et d'entendre ce qu'elle pensait de Cynthy.

Au moment où elle entra, il se tourna vers elle avec impatience. Il avait réparé ses lunettes et son visage était plissé, avec une expression irritable qui résulte de la convergence de toutes ses lignes vers celle vide. Son propre examen a donc toujours dérouté celui des autres.

Mais dans ce cas-ci, Mme Hennifer savait qu'un examen minutieux était superflu. Elle était parvenue à une conclusion claire et estimait que l'amiral devrait se plier à la même chose. Le temps qu'ils avaient passé ensemble autour de la table à thé avant que Cynthia n'aille s'habiller l'avait convaincue que la nouvelle influence dans sa vie était absorbante. Cela ne pouvait sûrement pas être mauvais. Elle ne croirait pas que le désastre était devant Cynthia Marlowe, gay et naïve. Il était donc certain qu'à moins qu'un obstacle d'une gravité inconcevable ne s'oppose à leur chemin, ils devaient tous se plier à ses souhaits. Elle était déterminée à croire que tout allait bien.

Elle sourit en traversant la pièce et s'assit en face de l'amiral. La droiture de sa silhouette épurée, sur les épaules de laquelle le châle de soie orientale à franges qu'elle portait toujours semblait reposer avec une étrange aisance, exerçait son effet habituel de contrôle sur son agitation. Il laissa tomber ses lunettes et laissa un scintillement éclipser son anxiété.

« Et maintenant, pour le bénéfice de votre opinion, ma bonne Mme Hennifer. »

« Elle a l'air très bien et très heureuse, amiral.

"Elle le fait, de manière inhabituelle et absurde."

« Elle n'est plus guère notre Cynthia maintenant, je le crains. Elle est ce qu'elle était à dix-sept ans, avec un regard dans les yeux, un air général indéfinissable, qui prouve qu'il y a plus d'elle ailleurs. Je peux vous en dire autant.

«Bien», dit l'amiral. « Ma propre impression précisément. Il ne faut cependant pas se laisser emporter par le sentiment de la chose. Nous devons être pratiques. C'est peut- être un pirate, vous savez. Nous devons avoir ses références, savoir qui et quoi il est. Et je ne lui permettrai pas encore de m'écrire. Nous allons essayer de savoir si Cynthy va se calmer ; rien de tel que la tactique—chut ! elle est là!'

Ils se tournèrent tous les deux. Cynthia venait d'ouvrir la porte.

Elle était radieuse et ravissante. Les vestiges des années écoulées entre l'enfance et la féminité, qui avaient été principalement marquées par des luttes pour atteindre des émotions telles que celles qui arrivaient facilement aux autres filles et qui, selon elle, devraient, par devoir, sinon par inclination, lui venir, avaient disparu. Mme Hennifer, qui seule savait quelles avaient été ces luttes et s'était émerveillée du sérieux simple et innocent avec lequel elle s'était efforcée d'être comme les autres filles et d'accepter l'amour et le mariage comme une évidence, était seule capable de réaliser le changement en elle. Avant que Cynthia ne parte à l'étranger, elle pensait que elle ne se marierait pas. Elle était convaincue qu'elle était plus sous l'influence d'Anthony Tremenheere qu'elle ne le pensait, et aussi qu'il n'avait désormais aucun espoir de la gagner. Elle avait parfois eu l'air blasée et perplexe, comme si elle ne comprenait ni les autres ni elle-même, mais son expression générale était celle du calme, allant presque jusqu'à l'exaltation. Sans prendre aucune habitude d'une bonté inhabituelle, son air, ses manières et ses actions exprimaient une spiritualité subtilement diffuse et semblaient raréfier l'atmosphère morale qui l'entourait. Si elle avait été catholique romaine, Mme Hennifer pensait qu'elle aurait trouvé sa vocation dans un couvent ; sans son amour du foyer et son attachement passionné aux anciennes associations et aux visages familiers, ainsi que son sens aigu des obligations héréditaires en tant qu'héritière et propriétaire terrienne, elle aurait pu devenir le membre le plus brillant et le plus joyeux d'une sororité. Le rythme de la routine, la méthode d'un ministère d'amour déchargé de la responsabilité de la ferveur personnelle, ces lui semblait le mieux adapté. Mme Hennifer cessa d'imaginer qu'un enthousiasme sentimental lui était réservé. Elle bénirait Lafer de sa présence toute sa vie, succédant aux domaines et dispensant l'hospitalité et la générosité aux riches et aux pauvres ; elle serait heureuse dans sa solitude et dans une certaine rêverie qui sous-tendrait toute son énergie pratique et son jugement clair ; elle ne ressentirait jamais le besoin d'être guidée et de s'appuyer sur une personnalité plus forte que la sienne ; elle n'aurait jamais désiré d'enfant, bien qu'elle aimait tous ceux avec qui elle entrait en contact ; elle passerait à l'âge mûr et mourrait. Ce serait à peu près la même chose pour Anthony Tremenheere ; les deux vies qui auraient pu n'en faire qu'une, s'éloignant l'une de l'autre, en lignes parallèles, maintenues ainsi par les forces du décorum et de la convention que Cynthia avait forgées, et contre lesquelles s'était ensuite vaguement et méfiantement irritée dans le cadre du perplexité d'une vie qui devait sûrement être claire dans ses profondeurs.

Et là, elle était une nouvelle créature, illuminée par le mouvement d'émotions ardentes, mais timide dans son sens de l'abandon de soi et son espoir de joies parfaites.

Elle portait une robe de soie tussore scintillante et de délicates roses safrano au cou et à la ceinture. Ses cheveux dorés, relevés en arrière de son front, étaient rassemblés en un nœud lâche au bas de son cou. Son visage pétillait d'animation, ses grands yeux noisette n'avaient rien perdu de leur sincérité transparente. Elle avait l'habitude de laisser son regard parcourir une pièce avant de tomber sur les personnes qui l'occupaient ; ainsi la reconnaissance était avec son illumination. Alors qu'elle avançait d'un pas vif, l'harmonie surannée de la pièce rehaussait son charme. Le tapis de velours blanc, la délicatesse fanée du brocart centenaire, les douces lumières de cire réfléchies sur le bronze doré et le cristal, à une fois adouci et accru sa beauté.

Et maintenant, elle regardait tour à tour l'amiral et Mme Hennifer avec un sourire de confiance naïvement parfaite. Lorsqu'elle les atteignit, elle posa ses mains sur son bras tandis qu'il s'appuyait contre la cheminée et l'embrassait.

"Si je ne savais pas que les conspirateurs ne sont pas forcément des traîtres, j'aurais peur de ce *tête-à-tête* ", dit-elle.

Il lui prit les mains et la tint à bout de bras, la regardant longuement et tendrement.

« Et donc, Cynthy, tu comptes l'avoir malgré nous tous ? »

« Pourquoi malgré vous tous ? Vous n'aurez pas de préjugés contre quelqu'un que vous ne connaissez pas. Attends de le connaître, grand-père.

« Mais comment puis-je le connaître ?

« Vous lui demanderez ici, bien sûr – au moins vous le ferez sûrement ? dit-elle, un regard alarmé naissant dans ses yeux.

"Mais comment puis-je lui demander, à quoi ça sert ?"

Elle rougit rosement.

« Il va vous écrire. Vous voulez le connaître, n'est-ce pas ? vous et grand-mère, et vous aussi ? ajouta-t-elle en se tournant vers Mme Hennifer.

«Cynthy, vous êtes une innocente, une simplette», dit l'amiral. « Ne voyez-vous pas quel tour de passe-passe vous avez fait ? Je ne demanderai à personne ici, étant entendu qu'il pourra vous faire l'amour ; non, par George ! Vous n'avez pas suffisamment pensé à vous-même, vous ne l'avez jamais fait et vous ne le ferez jamais. Vous avez laissé ce Danby vous réconcilier comme si vous n'étiez qu'une personne ordinaire, vous avez renoncé à toute cérémonie. Je suis peut-être démodé dans mes idées, mais il aurait dû me le demander avant vous, et pour ce faire, il aurait dû venir à Lafer sans invitation, et c'est ce qu'il devra faire maintenant. je ferai non promet jusqu'à ce qu'il agisse comme un homme, et ensuite je prendrai le temps de réfléchir s'il est un gentleman ; oui, par George !

Pendant qu'il parlait, elle rougit, moitié de honte, moitié de peur ; mais maintenant, son visage s'éclaira en un instant, et elle rit, joignant les mains, puis les écartant, comme elle avait l'habitude de le faire lorsqu'elle était excitée.

« Grand-père chéri, dit-elle, tu ne sais pas que le vent du nord me donne toujours des frissons, il se vante tellement ?

Il lui tira une de ses petites oreilles.

"Minx, chat désarmant, sirène!" il a dit.

Le gong avait sonné. Il donna son bras à Mme Hennifer, et Cynthia les précéda, jetant un coup d'œil par-dessus son épaule pendant qu'elle parlait, et leur donnant un aperçu des yeux dont l'éclat était à nouveau assombri par cette brume indéfinissable d'abstraction heureuse qui les avait surpris tout le temps. je l'ai vue. C'était si nouveau, si significatif, qu'il en disait plus que ce qu'elle était susceptible de dire avec des mots.

Mme Hennifer, de son côté, espérait des confidences éclairantes. Cynthia, cependant, ne dit rien. L'amiral eut une longue conversation avec elle, et la trouva fièrement résolue sur le point principal, mais réticente sur les détails. Pour elle, l'affaire était simple, ne possédant que les éléments rudimentaires dont un enfant pouvait investir ses joies. Elle croyait, elle avait confiance, elle aimait. D'une manière ou d'une autre, tandis que l'amiral écoutait, sa mémoire lui revint aux jours d'analyse de Lindley Murray aux genoux de Mme Marlowe. Bien sûr, il était tout ce qu'ils pouvaient souhaiter – eh bien, qu'était-il ? Avait-il une famille, ou une fortune, ou une moralité irréprochable ? Elle ne savait pas. Mais elle était sûre qu'il ne savait pas qu'elle était héritière. Les Kerr ne lui avaient rien dit – en fait, Théo lui avait dit qu'il n'avait rien demandé ; elle s'habillait de la façon la plus simple ; elle n'avait aucune idée qu'il avait été attiré jusqu'à ce qu'il propose ; il était très silencieux – et là elle s'interrompit, la retournant elle s'écarta pour cacher son rougissement et murmura quelque chose à propos des « contrastes, et elle était elle-même tellement bavarde ».

L'amiral ne dit pas grand chose, mais il ne souhaitait pas avoir de nouvelles de Danby tout de suite. Il lui a demandé de ne pas recevoir de lettres ni d'écrire jusqu'à ce qu'il lui en donne la permission. Elle était docile, mais cela découlait de la docilité d'une confiance absolue en autrui et d'une connaissance d'elle-même.

Puis elle reprit son ancienne routine : conduire avec Mme Marlowe, monter à cheval avec l'amiral, marcher avec son cerf. Elle avait tous ses amis à voir. Tout le monde était curieux de la voir. Elle était si gaie et si brillante qu'ils croyaient à peine que son cœur n'était pas avec eux et avec leurs intérêts entièrement, comme autrefois. Mais elle portait une bague, un camée représentant une tête grecque, qui, bien que n'ayant aucune signification autre qu'un simple souvenir, n'était pas un héritage de Marlowe. L'amiral le remarqua, mais n'osa pas lui demander où elle l'avait acheté. Et parfois, elle se taisait tout à coup, et son les yeux se dilatèrent et devinrent lumineux d'une pensée qui planait à la limite des rêves heureux.

Un jour, au cours d'une promenade à Zante, lorsque Danby les rejoignit, elle était d'humeur si joyeuse qu'elle finit par s'excuser. Mais il ne voulait pas l'entendre.

« Il est naturel qu'un cœur naïf soit gai ; laissez l'amour le maîtriser, dit-il.

Ces mots l'avaient ravie dans son ignorance ; combien de plus maintenant ?

CHAPITRE XI

DE NOUVELLES LUMIÈRES SUR DES SUJETS ANCIENS

Danby est retourné à Jersey immédiatement après avoir accompagné Cynthia à Londres. Elle ne lui permettrait pas d'aller à Lafer avant d'avoir aplani la voie avec l'amiral ; et étant incapable encore de réaliser son bonheur, au point qu'au moment où elle disparut, il pensa qu'elle devait être une vision, il retourna chez les Kerr comme preuves tangibles du contraire.

Il souhaitait également en savoir plus sur elle. Elle n'avait rien dit de son environnement, et quand il faisait référence à Kerr, sur un point capital, comme étant son tuteur *pro tem.* , il avait été frappé par quelque chose d'étrange dans son regard ; tandis que Mme Kerr déclarait, avec ce qui ressemblait à un sanglot hystérique, qu'elle ne chaperonnerait plus jamais une jeune femme. Il était trop habitué à l'inexplicable humeur et condition des hommes pour attacher beaucoup d'importance à une impression indirecte. Il était néanmoins opportun d'être pratique et de se préparer à des conditions imprévues. Jusqu'à ce qu'il la rencontre, il était loin d'avoir l'intention de se marier, et ses moyens étaient tels que la dernière chose qui lui venait à l'esprit était de spéculer sur les siens. Cela l'avait ravie de découvrir que son titre d'héritière était insoupçonné.

Au plus profond de sa nature, Danby avait développé la diplomatie. Il le savait et se disait souvent qu'il avait raté sa vocation ; il aurait dû être soit jésuite, soit ambassadeur. C'était la seule insulte morale que le vieux chagrin avait marqué dans son âme. Il se méfiait et ne ferait plus jamais confiance sauf après les essais d'un tacticien qui connaissait si sûrement ses objectifs qu'il pouvait se permettre de les cacher. Ici, son auteur préféré, Bacon, avait favorisé le savoir. Il savait « endormir l'opposition et surprendre », comment « se réserver une belle retraite » et comment « découvrir l'esprit d'autrui ». Sur la base de ces principes, il avait étudié tous les hommes pendant de nombreuses années. C'est dans cet esprit qu'il avait digéré les Kerr. Seulement avec Cynthia, ils l'avaient laissé tomber. Il avait pensé que s'il se mariait un jour, ce serait dans cet esprit ; une analyse et une synthèse subtiles devraient déterminer son choix. Si le jugement menaçait de désertion, il se fortifierait par un retrait apparent. L'expérience ne lui faisait pas craindre la défaite ; il se serait peut-être marié avant cela s'il avait rencontré plus de découragement. Mais si un paradoxe tel que le découragement envahissait son chemin, il utiliserait ses arts, ses subtilités, ses perceptions et, sans flatteries, réussirait. Les flatteries qu'il détestait. Il détestait les femmes qui voulaient les avoir. Son principal plaisir chez la femme du futur était qu'elle aussi les détesterait, voire ne les comprendrait probablement pas.

Mais quand il a vu Cynthia, sa tactique lui a fait défaut. Elle était simple, déterminée et transparente – une femme comme il n'en avait pas conçue ; en fait le paradoxe. Il est tombé amoureux, mais elle ne s'en est pas rendu compte. Faites ce qu'il veut pour lui montrer ses sentiments, elle ne l'a jamais perçu jusqu'à ce qu'il lui demande de le faire. Ensuite, il lui reprocha un peu un aveuglement qui aurait pu l'intimider éternellement, mais que s'il n'avait pas pu parler avec elle, il aurait écrit.

« Oh, Lucius ! » elle a dit : « Je sais qui j'aime ; Je ne pense pas que je pourrais aimer quelqu'un qui n'était pas bon, alors je me suis laissé aimer. Mais pour en savoir plus, je n'ai jamais pu le faire jusqu'à ce qu'on me le demande. Alors je devrais le savoir dans un instant si je le pouvais.

Il la connaissait si bien maintenant qu'il savait aussi c'était vrai ; elle ne pouvait pas chercher ni même se croire recherchée.

En retournant à Jersey, il avait cependant un autre objectif que la proximité des Kerr. Il voulait voir les Pitons.

Lorsqu'il avait quitté l'Inde l'année précédente, il avait l'intention de s'y rendre immédiatement. Depuis qu'il avait reçu le billet de Clothilde Hugo dans lequel elle rompait ses fiançailles avec lui en lui apprenant qu'elle avait épousé ce jour-là un autre homme, il ne l'avait nommée ni communiqué avec personne qui pût lui donner des renseignements sur elle. Mais retourner en Angleterre et choisir un endroit où s'installer sans savoir si elle vivait et où elle vivait, était une chose qu'il ne ferait pas. Il ne pouvait pas analyser ses propres sentiments à ce sujet, il ne considérait pas que cela valait la peine de le faire ; c'était la résolution plutôt que la raison qui fixait dans son esprit l'idée de voir les Pitons. Il a choisi de se mettre par principe à éviter tout risque de la revoir.

Au début, lorsqu'il apprit que les Kerr s'y rendaient, il lui sembla que tout s'arrangeait naturellement pour sa commodité. Il pouvait passer à Rocozanne à la manière fortuite d'une vieille connaissance qui se trouverait par hasard dans le quartier, et poursuivre ses recherches en nommant son engagement. Mais son ignorance des conventions entourant la position d'une femme le déconcertait. Il suivit les Kerr jusqu'à Jersey, et se retrouvant dans le même hôtel, rencontra de nouveau Cynthia immédiatement et immédiatement en proposition. Il fut très surpris lorsqu'elle lui annonça le lendemain qu'elle rentrait chez elle. Il pensait lui avoir déplu. Mais Mme Kerr approuva si chaleureusement, et en fait, elle était visiblement si soulagée, qu'il comprit son erreur. Il ne pouvait qu'acquiescer et faire ce qu'elle voulait. Il était tellement absorbé par elle qu'il avait envisagé la possibilité que Clothilde soit installée à Saint-Hélier où il pourrait à tout moment la rencontrer, ce qui lui était venu à l'esprit. lui alors qu'il voyageait après les Kerr, ne lui est plus jamais venu à l'esprit.

Ambrose Piton était assis sur la digue de Rocozanne, son chapeau penché sur les yeux et les mains enfoncées dans ses poches, lorsque Douce, leur vieille servante, lui apporta la carte de visite de Danby. Il y jeta un coup d'œil et siffla, puis regarda Douce. Il vit qu'elle avait reconnu le visiteur.

« Beaucoup de choses ont changé, hein ? Il a demandé.

"Non, c'est à peu près pareil, blanc et noir, mais ses yeux sont très immobiles."

« Par Jupiter, j'aurais aimé qu'il ne soit pas venu. Eh bien, faites-le sortir ici.

« Pas besoin qu'il me fige, pensa-t-il, puisqu'il ne peut pas s'envoler à cause de cette étrange tournure des choses. Mais la question est : le sait-il ou veut-il savoir ? S'il veut savoir, il en saura bientôt plus qu'il ne le souhaite. C'est vraiment dommage. Je déteste ces scorbuts du destin.

Il se releva lorsque Douce réapparut. Oui, il aurait connu Danby n'importe où. C'était un physique sur lequel le temps affecte peu. Ambroise, bien que plus jeune, se rendit soudain compte d'une tendance à l'embonpoint et d'une démarche roulante. Il observait cet Anglo-Indien simple et soigné avec une apparente indifférence, tandis que Danby fixait son regard en retour et semblait pourtant observer le scintillement des ondulations du soleil dans la baie au-delà. Ambrose était nerveux, mais préférait se sentir amusé plutôt qu'impressionné.

"Nous aurons des chaises si vous ne vous souciez pas du mur", a-t-il déclaré. « Je préfère le mur. On peut balancer ses jambes, un immense luxe d'énergie pour un homme oisif.

Il ne pensait pas que Danby s'en prendrait au mur, mais il l'a fait. Sa surprise fut cependant atténuée par le fait qu'il ne rejetait pas ses jambes, mais s'asseyait de côté, en équilibre avec un pied appuyant sur le gazon. Ambroise retourna à son ancienne position, réfléchissant à lui autant dans son attitude qu'éteint dans son esprit. expression. Il ne dit que quelques mots pendant que Danby regardait de la maison au cimetière et réfléchissait à la façon dont les fuchsias avaient poussé et combien il y avait encore de tombes.

Ambrose l'observait depuis l'ombre de son chapeau. Il détestait les palabres et Danby ne pouvait être là que pour dire quelque chose de personnel. Il n'était pas homme à se ridiculiser en sortant de Saint-Hélier, après tant d'années, pour parler des vaches et des choux, de la récolte des poires, ou même du dernier désastre du courrier. Mais comment, au nom du ciel, allait-il conduire jusqu'à Clothilde ? Il soupçonnait que sa connaissance des complications futures était d'autant plus grande, et il ne semblait pas juste que Danby doive faire preuve de finesse. Naturellement, il serait mécontent de ses propres tactiques lorsque des révélations inattendues prouveraient la perception qu'Ambrose en avait.

« Je suis peut-être un garçon maladroit, pensa Ambroise, mais voilà, pour l'honnêteté ! Je n'ai pas besoin de le regarder ; en fait, ces paillettes m'éblouissent. les yeux à tel point que je dois les fermer de temps en temps, à moins que je ne veuille devenir aveugle.

Il tendit la main vers une pile de livres, de journaux et de critiques accrochée au mur à côté de lui et tira une lettre des pages du *Quarterly* . L'attention de Danby fut attirée et il suivit ses mouvements tandis qu'il l'ouvrait et le lissait sur son genou.

"C'est de ma cousine Anna", dit-il, éclaircissant sa voix et contrôlant sa fièvre de nervosité. « Elle nous écrit souvent, ayant une chaleureuse préférence pour les vieux amis. Il est cependant rare qu'elle ait autre chose à donner de Lafer que des nouvelles de son pays (il ressentit plutôt qu'il ne vit la surprise de Danby lorsque ce nom lui tomba aux oreilles) ; c'est un endroit hors du monde, et elle n'a que parler des enfants de sa sœur. Mais ce matin, oui, je viens de le recevoir, elle me parle des fiançailles de Miss Marlowe avec vous. Elle ne vous dit pas « à vous » et n'a apparemment pas le moindre souvenir du nom, mais elle vous appelle par nom et vous mentionne comme étant à Jersey, en fait… »

« Mais comment… où est le lien ? Je ne comprends pas cela. Connaissez-vous Miss Marlowe ? dit Danby, incapable de garder le silence plus longtemps.

"Oui," dit Ambrose. « Elle était ici l'autre jour. Elle est venue nous rendre visite dès le lendemain de son arrivée aux Îles avec ses amies. Elle avait dit à Anna qu'elle le ferait, et mon père en était très content. Elle parla alors d'hiverner ici. Mais il semble qu'elle rentre chez elle à l'improviste.

'Elle est partie. Je l'ai vue à Londres et je suis revenue hier. Mais j'espère la suivre bientôt et voir l'Amiral. Pourtant, Piton, je ne comprends pas comment vous êtes tous connectés. Miss Hugo, maintenant, comment la connaît-elle intimement ?

— Oh, très intimement, dit Ambroise, se sentant au bord d'un précipice. 'Elle semble s'être fait une amie d'elle. Cependant, elle a à peine nommé Mme Severn ; elle--'

« Et qui est Mme Severn ? » » dit Danby d'une voix remarquablement lente et sèche alors qu'il lui faisait face droit.

Ambrose savait qu'il savait qui était Mme Severn, mais qu'il était également déterminé à ce que la vérité soit clairement exprimée.

« C'est ma demi-cousine, Clothilde, tu sais. Elle s'est mariée avec Lafer, le vieux Lafer. Son mari est l'agent de l'amiral, dit-il. Dans sa barbe, il ajouta un puissant juron.

Il ne jeta pas un coup d'œil à Danby, mais il était pleinement conscient de l'intense pénétration avec laquelle ses yeux étaient rivés sur lui.

Ils restèrent assis en silence et Danby continua de le regarder. Mais maintenant, c'était inconsciemment. Il était pour le moment moralement paralysé. Il ne pouvait tout simplement pas tourner la tête à cause de la tension dans son cerveau. Chaque mot avait frappé avec la force d'un marteau ; mais il était impossible de comprendre d'un coup tout ce qu'il s'agissait.

Ambrose était de nouveau apparemment absorbé par la baie. Il balança ses jambes et scruta l'horizon à la recherche de navires qui passaient. Une longue-vue était posée à côté de lui. Il le prit et examina une goélette qui contournait le Noirmont toutes voiles déployées et argent au soleil. Puis il le reposa et, enfonçant ses mains au fond de ses poches, il poussa un petit sifflement.

« Sur mon âme, si j'étais une femme, je pleurerais », pensa-t-il. Il avait envie de se retourner brusquement, de donner une tape dans le dos de Danby et de dire : « Courage, vieil homme ! C'est une coïncidence sidérante, ferait jurer un cynique ; mais Jupiter t'a finalement réservé de la chance.

Cependant, il n'ose pas. Il savait intuitivement que Danby avait l'air d'un « vieil homme » à ce moment-là, que son visage était tiré et gris. D'ailleurs, il n'avait jamais été de ceux avec qui il était facile de plaisanter. Ses actions avaient trop clairement porté le cachet du sérieux ; il y avait eu une énergie de vie en lui, exprimée en peu de mots, mais imprégnés de toutes les circonstances dans lesquelles Ambroise l'avait vu, cela rejetait involontairement les plaisanteries comme profanes. Non! il avait fait sa part. Il valait mieux ignorer sa propre perception du dramatique.

Il resta assis, clignant des yeux devant l'éblouissement des ondulations scintillantes.

Et finalement Danby se retourna et les regarda à son tour.

L'après-midi s'écoulait. Danby sortit sa montre, il était resté une heure à Rocozanne, avait perdu la chance de prendre un train, et s'il ne prenait pas le suivant, il manquerait *la table d'hôte* chez Bree. Mais il souhaitait rater *la table d'hôte*. Il suffirait de revenir dans le temps pour quelques mots avec Kerr autour de leurs derniers cigares.

« Passez la soirée avec nous », dit Ambrose, inspiré.

«Merci», dit Danby.

Ils restèrent assis jusqu'à l'annonce du thé. M. Piton, un petit vieux joyeux et ressemblant à un gnome Cet homme, bien que connaissant toute la complexité des affaires de Danby, ignorait tout ce qui ne s'intéressait pas aux statistiques indiennes. Il développa à leur égard une curiosité insatiable. Ambrose, écoutant avec une paresse amusée, réalisa pour une fois que l'impersonnalité seule était nécessaire pour détourner la chaleur tropicale de l'émotionnel vers le concret. Il se sentait maintenant au frais tout en cuisinant sous le soleil indien avec Danby en costume de lin et puggaree. Danby était à la hauteur de l'occasion. Il pouvait rejeter ses sentiments personnels. Il avait eu toute sa vie une passion pour l'exactitude, que les circonstances avaient entretenue en l'envoyant dans notre grand empire oriental, où pullulent différentes races et religions. Il s'était efforcé d'en maîtriser les faits antagonistes. Le travail là-bas lui a progressivement apporté richesse, position et, après quelques années, un ton de satisfaction personnelle, qui ne peut pas, à proprement parler, être appelé bonheur, mais pas loin de là. Il était reconnaissant et est reparti avec un esprit encyclopédiquement stocké avec des détails sur sa fibre interne. Rien cela aurait pu l'apaiser mieux que cette conversation avec M. Piton. Cela le ramenait à d'anciens intérêts absorbants et apaisait la tension sur une capacité d'émotion dont il avait, jusqu'à cet après-midi, pris pour la mort le sommeil.

Il était tard lorsqu'il revint à Saint-Hélier, mais alors qu'il traversait la rue pour se rendre chez Bree, il reconnut Kerr debout sous le portique. Il l'atteignit au moment où il jetait son bout de cigare. Kerr baissait les yeux, mais lorsqu'il prononça son nom, il leva rapidement les yeux. Il a ensuite dit à sa femme qu'il y avait un ton *vivant* dans sa voix qui l'avait convaincu qu'il n'était pas, après tout, une momie.

« Je veux vous parler », dit Danby avec un étrange empressement nouveau qui devint en lui presque inarticulé. "C'est une question absurde à poser, mais je suis vraiment dans le flou : qui est Miss Marlowe ?"

Kerr le regardait sans comprendre. Son dégoût pour ce qu'il pensait être la jonglerie de la question s'exprimait sur son visage. Danby l'a vu. L'espace d'un instant, une dangereuse lueur de colère scintilla dans ses yeux ; mais après tout, n'était-ce pas la manière du monde de juger par les constructions mauvaises plutôt que par les bonnes ? Il y avait aussi une part d'absurdité dans cette question aussi sincère. Il en avait été si profondément conscient qu'il avait caché son ignorance à Ambroise Piton.

«Je ne prends pas Miss Marlowe pour une imposteur», dit-il en souriant. «Je sais qu'elle est elle-même, mais qui est son peuple ? J'en ai conclu qu'elle faisait partie d'une famille, qu'elle avait probablement des sœurs, des sœurs aînées. Il se trouve que nous n'avons pas encore abordé les questions de relations au-delà de son grand-père. Excusez-moi, mais je suis obligé de me renseigner : sont-ils au-dessus de la moyenne d'une manière ou d'une autre, socialement, je veux dire ? Y a-t-il quelque chose de particulier dans sa situation ?

«C'est une héritière», a déclaré Kerr. « Les Marlowe sont des gens du comté qui possèdent de belles propriétés dans le Yorkshire et le Dumfries. Son père était fille unique, elle est pareille et il n'y a aucune implication.

Il réfléchit un moment à l'expression électrisée du visage de Danby, et la voyant se transformer en une nuance involontaire de dégoût, il jeta toute réserve aux vents.

«Sortez», dit-il. « Il est plus facile de parler en marchant, et il faut que nous soyons deux êtres sensés.

Il passa son bras sous celui de Danby et ils redescendirent les marches jusqu'au trottoir. Ils parcoururent la rue en silence. Puis, alors qu'ils se retournaient et ralentissaient le pas, il desserra son étreinte et rit.

«J'aimerais ardemment me présenter pour Théo», dit-il; mais je voulais aussi y résister. C'est pourquoi j'en ai pris possession de force. Elle aurait pu penser que vous n'étiez qu'un imbécile ; Je ne sais pas. Mais écoute, mon bon ami, tu n'es pas obligé de ressembler à ça. Vous devez vous rappeler que vous avez choisi de rester dans le noir. J'aurais répondu à n'importe quelle question à tout moment, mais comme vous n'en avez posé aucune, j'ai conclu que vous saviez ce que vous faisiez par d'autres sources – elle-même, peut-être. D'ailleurs, ni Théo ni moi n'en savions rien. Nous avons été complètement surpris. Théo, voyez-vous, je ne suis pas sûr que vous le sachiez, a trouvé des lettres à Athènes avec la triste nouvelle du veuvage de sa sœur unique, et je crains qu'elle n'ait pas suffisamment pensé à Cynthia pendant quelque temps après. Cynthia était sous notre garde. Si j'avais su ce que vous faisiez, je vous aurais mis les choses au clair en vous conseillant de vous adresser à l'amiral Marlowe ; mais jusqu'à l'autre jour où nous nous sommes heurtés ici, Cynthia et moi, vous vous en souvenez, alors que nous partions pour le château Elizabeth, je n'avais pas le moindre soupçon de vos intentions. Cynthia, bien sûr, n'a rien dit ; et, compte tenu de votre attachement, vous vous êtes très peu imposé. Cynthia a reçu de nombreuses propositions de mariage. Je crois qu'elle a eu horreur de se marier pour son argent ; le fait de votre ignorance la ravira — c'est ce qu'elle a fait, car elle l'a nommé à Théo. Mais cela a été un coup dur pour ma femme, Danby ; et, comme une humaine, elle n'est pas prête pour le moment à penser le meilleur de vous. Son frère est attaché à Cynthia depuis de nombreuses années, et tant qu'elle n'était attachée à personne d'autre, il n'aurait cessé d'espérer la conquérir. Il faut savoir qu'il y a chez Cynthia cela qui inspire une passion très profonde, et qui plus est, très pure.

Danby hocha la tête et, s'arrêtant, alluma une cigarette avec ses doigts légèrement tremblants. Le scintillement de l'allumette jeta un instant de lumière sur son visage et le montra pâle comme la mort. La bonne opinion que Kerr avait de lui augmentait momentanément.

"Il y a en elle un fond de respect d'elle-même féminin qui n'est pas de nos jours *la* caractéristique distinctive du sexe", a déclaré Kerr, comme ils repartirent lentement. « Elle a souhaité se marier et se marier par amour ; ce dernier point constitue plutôt une difficulté dans son cas. Vous l'avez fait, Danby. Il n'y a plus qu'à empocher votre fierté. Vous devrez empocher le loyer de Marlowe, peut-être pour devenir Danby-Marlowe, si l'amiral se montre brutal et dictatorial. Il est habitué à un navire de guerre et à une discipline sans compromis, vous savez. Mais si quelqu'un peut faire en sorte que les choses se passent bien, c'est bien Cynthia. Soyez patient et soumis, ce sera une sage discrétion. Et une chose est sûre... » Il s'arrêta brusquement.

'Qu'est-ce que c'est?' » dit Danby, et il fut étonné de constater que sa voix était à peine audible.

Kerr rit.

"Je n'ai pas à disséquer ses sentiments", a-t-il déclaré. "Mais c'est une femme à laquelle il faut penser d'une manière ou d'une autre, pas seulement s'incliner et passer. J'ose dire que vous l'avez ressenti dès le début. C'est pareil pour tout le monde. Nous sommes allés l'autre jour à Saint-Brélade ; je ne sais pas si tu le connais, joli endroit ! Elle voulait voir des personnes, des proches de leur agent, je crois ; l'un d'eux était un vieil homme très rusé. Il ressentait la même chose pour elle et l'exprimait à Théo ; on la surveille.

'Oui?'

«Eh bien, je l'ai observée. J'ai vu comment c'était. Je l'ai dit à Théo, mais elle ne voulait pas le voir. Le fait est, Danby, que tu es son choix ; elle t'a délibérément choisi. Vous ne voyez pas tout ? il rit encore, maladroitement.

Danby se sentait dense. Il ne pouvait pas en être sûr. Kerr lui saisit à nouveau le bras.

« Ma parole, je me sens assez sentimental », dit-il. «Mais on veut qu'elle soit heureuse. C'est le genre de créature à qui on dirait "Tout le bonheur est à vous !" oui, de droit divin aussi. Le fait est qu'elle se soucie de vous énormément. Cela lui briserait le cœur si les choses tournaient mal. C'est juste que vous acceptez les exactions de l'amiral pour elle. Ne soyez pas idiot.

Ils avaient de nouveau atteint le portique de Bree. Tous deux jetèrent leurs mégots en évitant de se regarder. Ils entrèrent, Kerr en avance. D'autres étaient dans le hall. Peter, le maître d'hôtel, brandissait une serviette et donnait de volubiles informations sur le règlement de l'hôtel à une dame qui voyageait toujours avec des « créatures chéries » en forme de deux chiens teckels, qui avaient toujours l'air de ne pas savoir ce qui se passait. attendu d'eux. Danby les dépassa tous, distraitement. Puis, tout à coup, il se retourna et, revenant à l'endroit où Kerr accrochait son chapeau, il lui prit la main. «Je jure que je le ferai», dit-il.

Kerr se coucha, réfléchissant profondément. Il raconta tout à Théo et fut contrarié par son insensibilité à son enthousiasme nouveau-né. Elle a quand même choisi de considérer Danby comme intéressé. Kerr a juré que non. Il se demandait pourquoi et comment — avec cette force d'émotion qu'il avait vue dans ses yeux, cachés sous la glace de ses manières ; cette absence de recherche de soi, où les tons mesurés semblaient rétrécir ses opinions dans le cercle de son propre être — Danby avait attendu si longtemps pour aimer ? Qu'il aimait maintenant, il n'en faisait plus aucun doute.

«Il la vénère tout comme Tony», pensa-t-il. « Il n'est pas plaqué, c'est de la noblesse d'esprit. Par Jupiter, quel regard il avait, d'une blancheur mortelle. Il est enveloppé en elle. Eh bien, eh bien, c'est un autre cas de la vieille histoire à son meilleur.

Et il avait craint que Cynthia ne se trompe ! La foi l'avait laissé tomber dans les deux cas.

CHAPITRE XII

CONTRE-AVIS AU VIEUX LAFER

Le jour où la lettre de Danby à l'amiral est arrivée, Cynthia en avait également une. C'était le plus important des deux ; Si l'amiral l'avait vu, il aurait tiré avec colère, soupçonnant son contenu. Mais elle le reçut dans sa chambre avant le petit-déjeuner. Elle sut ce qu'elle contenait au moment où son œil se posa sur l'enveloppe. Rien de moins qu'une photographie ne pourrait s'y trouver. Elle en avait demandé un.

Quand, un peu plus tard, elle apparut dans la galerie, Mme Hennifer était en train de disparaître dans l'escalier. Elle a couru après elle et la ramena, lui mit la photographie dans les mains et la regarda par-dessus son épaule.

C'était un visage remarquable, et Mme Hennifer sut instantanément qu'elle l'avait déjà vu et que Cynthia allait épouser l'homme avec qui Mme Severn avait été fiancée. Il n'était cependant pas alors scellé par l'acuité sardonique qui le caractérisait aujourd'hui. La vie de Danby s'était déroulée en Inde, mais sa peau était toujours, comme dans sa jeunesse, extraordinairement blanche, sauf sur la mâchoire et la lèvre supérieure, où un rasage de près la teintait d'indigo. Les caractéristiques étaient du type moulé plutôt que ciselé. Les yeux avaient un regard droit, d'une dureté pénétrante qui, restant fixe, semblait pourtant dépasser l'objet regardé, et ne pouvait donc être jugé offensant. Ils concentraient l'intérêt du visage. Les pupilles avaient l'opacité du marbre, mais Mme Hennifer savait que le violet rayonnant de l'iris possédait la faculté d'une anémone de mer de se contracter et de se dilater. Si elle n'avait pas connu Danby, elle aurait détesté ces yeux qui contenaient ce qu'un mauvais homme pourrait lui rendre et qu'une bonne femme pourrait ressentir ; découvrant à l'un trop de savoir, à l'autre la proximité du mal. Mais elle le connaissait jeune homme et elle se souvenait de l'agonie mortelle de la tendresse inutile qu'ils lui avaient témoignée autrefois. Pourquoi sa chérie Cynthia devait-elle être l'expiation de cette agonie ? Il n'était sûrement pas naturel que sa vie jeune et ardente ait choisi les émotions contenues d'un homme dont elle avait elle-même été témoin du drame d'émotion des années auparavant, alors qu'elle, son mari et lui se trouvaient dans la même station indienne. Doit-elle, doit-elle dire tout cela à Cynthia ? Ou Danby lui-même ? Savait-il que Clothilde était au Vieux Lafer ?

'Aimez-vous?' » dit enfin Cynthia.

Mme Hennifer soupira involontairement.

« C'est aux antipodes du vôtre, ma chère. »

'Si sombre? Mais celui d'Anthony aussi.

"Et l'expression..."

'Oui. Théo n'a pas aimé la première fois que nous nous sommes rencontrés. Je n'ai pas pensé à lui alors. Mais tout le monde ne peut pas ressembler à Anthony : avoir ce regard terriblement doux, vous savez.

« Ce regard vous serait devenu très cher dans la douleur ou les ennuis. »

Cynthia rougit, puis secoua la tête.

«Cela m'est très cher maintenant», dit-elle. « Et j'ai l'impression que Lucius veut du bonheur et de la luminosité, et je peux les donner. Parfois, Anthony me faisait presque pleurer, et cela me contrariait toujours de ne pas pouvoir donner ce qu'il voulait, au moins... » Elle hésita et se détourna.

« Jamais, ma chérie ? » dit Mme Hennifer avec nostalgie.

'Une fois. Il y a eu un petit moment où j'aurais pu. Mais ce n'était qu'un instant, ajouta-t-elle gaiement. "Et maintenant la feuille est tournée pour toujours, et j'apprendrai chaque jour et chaque heure, ce que veut Lucius et comment le rendre heureux.'

« Même s'il est beaucoup plus âgé que toi ? Vous serez peut-être son infirmière avant que de nombreuses années ne soient écoulées, Cynthy.

— C'est absurde, il n'est pas si vieux que ça, dit-elle avec une vive impatience. «Je connais son âge, il est dans la fleur de l'âge. Mais à supposer qu'il soit invalide, je préférerais être sa nourrice plutôt que de batifoler avec une autre.

"Cela semble si étrange qu'il ne soit pas déjà marié..."

"Oui, c'est vrai, je l'avoue", dit-elle, tombant dans la gravité. «Je l'ai pensé aussi et je le lui ai dit. Bien sûr, je ne pouvais pas m'attendre à ce qu'il n'ait jamais eu d'attachement avant de me rencontrer. C'est en partie parce qu'il a vécu en Inde, je pense, et en partie, principalement, parce qu'il a eu une fois un… mais pourquoi devrais-je vous le dire ? » ajouta-t-elle en s'interrompant avec un hochement de tête et un rire. « Il me l'a dit. Cela suffit. Il y avait quelqu'un avant, je je ne connais même pas son nom, c'était naturel ; vous comprenez? Mais c'est moi maintenant ? à mon tour entièrement. Il m'aime bien. Oh, je sais que je vais le rendre heureux, et c'est tout ce que je veux.

Il n'y avait aucun moyen de lutter contre cette humeur. Mme Hennifer n'avait pas de forces pour contrôler l'ennemi, elle ne pouvait que décider de lancer des travaux de terrassement pour fortifier sa position.

Elle allait aujourd'hui au baptême à Old Lafer. Mme Severn n'allait pas bien et cela avait été reporté. Cette fois-ci, elle avait de fins soupçons quant à la cause de son invalidité et reconnaissait qu'il y avait une raison à cela. La situation était telle qu'une femme meilleure et plus maîtrisée aurait pu être intimidée, connaissant l'honnêteté sans compromis dont son mari était fait. Un murmure avait atteint le Hall selon lequel elle était de nouveau allée dans les Mires. En effet, lorsque les fiançailles d'Anna avaient été connues et que Mme Hennifer s'était précipitée vers Old Lafer pour le féliciter, Anna elle-même l'avait admis par inadvertance : et elle a découvert que c'était le même jour que son appel pour nommer les fiançailles de Cynthia. Il n'y avait aucun doute dans son esprit que le nom de Lucius Danby l'avait alors chassée de chez elle. Il ne faisait aucun doute également qu'elle devrait faire face à la situation en s'immisçant le moins possible dans l'attention, et certainement pas en se livrant à sa vieille manie de fuir vers les Mires.

La voiture revint à onze heures en faisant claquer les drapeaux de la cour. Mme Marlowe l'accompagnait à la chapelle d'aisance d'East Lafer mais ne voulait pas en sortir. C'était une chaude journée de septembre, mais l'autocar était rempli d'autant de coussins et de couvertures que si la saison était arctique. Un gros carlin fut soulevé par un valet de pied dans un coin, où il resta haletant en polémiques inutiles contre l'illusion qu'il prenait l'air. Mme Marlowe, dans un manteau de soie et de velours cannelle, et un bonnet dont un voile de dentelle à brins pendait à sa taille, descendait faiblement les marches. L'amiral était toujours à ses côtés. Sa petite silhouette corpulente était mise en valeur par un gilet chamois et un groupe de phoques suspendus au porte-clés. Mme Hennifer était parfaitement Quakerish, vêtue de satin noir et de l'habituel châle oriental à franges. Une odeur de haricots Tonquin s'échappait du groupe. Cynthia n'y allait pas. On faisait monter et descendre son cheval de selle, et elle apparut dans la salle avec son habit au moment où le carrosse partait. Elle et l'amiral allaient faire l'une de leurs promenades matinales préférées autour de certaines des fermes de l'intérieur où des réparations étaient en cours, et tous deux savaient qu'aujourd'hui leur conversation serait sérieuse. Elle voulait que Danby ait la permission de venir immédiatement à Lafer.

Une heure ou deux plus tard, la fête du baptême était de retour au vieux Lafer. La lingue avait soufflé tard cette année et les landes étaient toujours dans leur splendeur, s'enroulant au-delà du coude dans un brume de violet. Borlase, flânant dans le jardin après le dîner jusqu'à ce que les tâches ménagères d'Anna lui permettent de le rejoindre, se protégea les yeux pour leur faire face. Comme ils étaient glorieusement beaux, et pourtant comme ils étaient calmement inconscients ! Les champs de chaume brillaient parmi les verts doux et brumeux de la vaste plaine. Les arbres situés dans les branchies sous la maison étaient immobiles. Il n'y avait pas de brise. Le murmure du bec était dans l'air ; de temps en temps, une abeille bourdonnait au-dessus des pieds d'alouette et des lys sous le mur.

Quand Anna apparut, elle portait une petite table et les enfants avec elle avaient des plats de fruits. Le dessert était disposé sur la pelouse au centre du jardin de Madame : pêches et reines-claudes, génoises qu'Anna avait fouettées et syllabub, le tout sur de la porcelaine blanche en treillis. Les parterres de fleurs gaies brillaient au-delà ; il y avait un murmure d'abeilles dans les arbres au-dessus ; au loin, la plaine opalescente s'étendait alternativement en ombre et en éclat sous les ombres des nuages navigants. Antoinette, Emmeline, Joan et Jack, dans leurs blouses hollandaises et leurs foulards romains, gambadaient de prairie en branchies. M. Severn et Tremenheere sortirent de la maison d'un pas nonchalant. Severn avec une carafe de bordeaux qu'il voulait que le chanoine achève ; Tremenheere lui-même était plus conscient du charme du lieu que de ses accessoires conventionnels, et se promenait sur la lande lorsque les ombres s'allongeaient et que la brise du soir devait faire taire le gazouillis des sauterelles et bruisser à travers la lingue.

Les dames restèrent dans le salon. Mme Severn s'était éloignée de la table du dîner dans ses larges draperies noires, avec un visage si blanc que Borlase était encore obligé de la considérer comme une patiente orthodoxe. Mme Hennifer a insisté pour l'installer sur le canapé, les pieds relevés. Le salon, avec ses chintz fleuris de roses fanées qui hérissaient les chaises, ses voilages qui se balançaient doucement et ses murs lambrissés de chêne, était frais et calme. Mme Hennifer prit une chaise près de la fenêtre. Elle avait envie de faire une sieste. C'était agréablement suggestif de penser qu'une sieste rafraîchirait certainement Mme Severn. Elle feuilleta un recueil manuscrit de chansons pour un accompagnement de guitare et remarqua que Clothilde ferma bientôt les yeux et laissa sa tête retomber sur les coussins. Elle ferma ensuite aussitôt la sienne aussi, avec un agréable relâchement de sa silhouette anguleuse dans quelque chose qui se rapprochait d'un confort négligent. Elle l'avait à peine fait avant que Mme Severn ne prenne la parole.

'Marie!'

'Oui.'

Mme Hennifer se redressa en un instant, plus en colère qu'embarrassée. Elle était convaincue que Mme Severn avait attendu de la trahir en souhaitant s'assoupir, dans le seul but de l'empêcher immédiatement.

«Pensais-tu vraiment que je voulais m'endormir, Mary?»

'Certainement. Vous êtes fatigué et c'est si calme ici. Tu ne sembles pas t'être levé bonne force. Vous n'avez pas meilleure mine que la dernière fois que je vous ai vu, en juillet, n'est-ce pas ?

« Non, plus tard. Le jour où tu es venu me parler de Miss Marlowe, tu sais. J'avoue que je ne pense pas avoir été bien depuis. Vous devez avoir quelque chose de plus à me dire maintenant, n'est-ce pas ?

'Qu'en est-il de?' » dit Mme Hennifer en fixant ses yeux sur elle. Mme Severn les évitait ; son regard suivait distraitement le jeu de ses propres doigts à travers la frange du couvre-lit jeté sur elle.

« Eh bien, vous savez… à propos de Miss Marlowe. »

Mme Hennifer scruta son visage en silence pendant un certain temps, mais son absence de couleur était égalée par celle d'expression.

« Clothilde, dit-elle, nous ne ferons pas de sous-entendus. C'est détestable. Pourquoi ne dites-vous pas comme une honnête femme : « Avez-vous déjà vu Lucius Danby ? Est-ce l'homme avec qui j'étais fiancée ? Il est tout à fait naturel, voire nécessaire, que vous je m'intéresse toujours à lui à ce point. Car vous devrez vous tenir à l'écart de son chemin. Mais c'est révoltant de s'attarder sur une histoire d'amour qui vous déshonore totalement. Vous avez choisi de vous effacer de sa vie il y a des années, et vous n'avez pas choisi d'avouer votre déshonneur à votre mari ; et bien que les circonstances soient si cruelles que vous soyez obligé de tout rappeler maintenant, ce ne peut être que pour vous faire comprendre la nécessité d'un effacement digne. Si jamais vous êtes obligée de le rencontrer, ce sera en tant que femme mariée et mère d'enfants, épouse de l'homme qui sera, pratiquement parlant, son supérieur serviteur.

"Alors c'est vraiment le même Lucius ?"

"C'est le même M. Danby."

« Et il est à Lafer ?

« Pas du tout, comme vous le savez, car Severn l'aurait nommé s'il l'avait été. Il y a de nombreux préliminaires à franchir dans le cas d'une Miss Marlowe. Cynthia était conscient de cela. Elle est rentrée à la maison pour faciliter le chemin. L'amiral était très énervé.

"Je pense qu'il avait l'intention que tout cela échoue dès qu'ils se seraient séparés à son retour à la maison."

«Il n'a pas provoqué la séparation. Elle savait ce qui était dû à lui et à elle-même… »

"Pourquoi, elle n'a sûrement pas pensé plus à sa propre dignité qu'à Lucius ?" dit Mme Severn avec un de ses rires bas.

« Sa propre dignité ! » répéta Mme Hennifer. — Elle a fait ce qui était bien, Clothilde, je ne sais si c'est par instinct ou par délibération. Elle a agi avec sagesse. L'Amiral voit sa détermination tranquille et la respecte. Il se réconcilie et Cynthia aura bientôt gain de cause.

« Très profondément de sa part, » dit Mme Severn ; « Je pense que vous aurez été frappé par la nouvelle phase de son caractère. Vous n'auriez pas pensé qu'elle avait une telle gestion, Voudriez-vous? Il n'est donc pas venu la voir ?

L'indignation bouillante de Mme Hennifer n'admettait que des refrains jaculatoires.

« Vous avez réussi à la voir ?

« Eh bien, je veux dire, est-ce qu'il ne risque rien ? Tout cela me semble une transaction ridiculement cool. Bien sûr qu'il savait qu'elle était héritière ?

« *Héritière! Transaction!* Ma parole, Clothilde, je pourrais te secouer ! Cynthia n'est pas une fille qu'on rencontre dans une ruelle, s'écria Mme Hennifer à bout de souffle. « La prochaine chose que vous affirmerez, c'est qu'il va l'épouser dans le but d'être près de vous. Absurde! Vous ne comprenez pas. Il ne savait pas qu'elle était héritière lorsqu'il lui a proposé. Vous devrez vous décider à ne pas l'appeler Lucius et aussi à rester chez vous. Alors tu es retourné aux Mires après mon passage ce jour-là ? Très honorable ! Et combien de temps comptais-tu rester là-bas temps? Vous ne serez jamais satisfait tant que vous n'aurez pas créé un scandale. Je suppose que M. Danby ne sait pas où vous êtes ni quoi que ce soit à votre sujet, et s'en fiche, je pense. Je m'étonne que vous n'ayez pas pensé à lui écrire pour l'informer des faits intéressants et agréables. Ah ! mais je suppose que tu ne connais pas son adresse ? Eh bien, il sera bientôt à Lafer.

« Je ne devrais pas songer à lui écrire là-bas.

«Je ne pense pas en effet. Je ne vous conseille même pas de lui demander grâce en ne vous reconnaissant pas en face de Severn. Laissez-lui faire. Il respectera bientôt suffisamment Severn pour ne pas vouloir l'humilier. Mais vous n'avez sûrement pas sérieusement songé à lui écrire ?

Mme Severn sourit et une légère couleur apparut sur son visage pendant un instant.

«Je l'ai fait», dit-elle; «J'avoue ma folie. Vous savez que je suis retourné aux Mires – vous avez entendu ? J'ai commencé une lettre pour lui dire jour pour lui dire où j'étais. Il semblait préférable qu'il le sache. Je l'ai écrit sur la lande, et j'ai été surpris par quelqu'un qui venait me chercher. Je l'ai glissé dans un livre que j'avais emmené lire, et dans la précipitation, je l'ai laissé tomber et je n'y ai plus repensé pendant des semaines.

« Lettre et tout ? Je pense que vous vous êtes demandé s'ils avaient déjà été retrouvés.

« En effet, je l'ai fait. Mais je n'ose pas en dire un mot.

« Et qu'est-ce qui vous a pris de me dire la vérité, hein ? Tu n'as pas l'habitude de dire la vérité, Clothilde.

« Vous êtes très dur avec moi, murmura-t-elle.

«Dieu sait que je ne souhaite pas l'être», éclata Mme Hennifer d'une voix qui trembla soudainement. « Soyez dur avec vous-même. Il me semble, aussi inconcevable que cela puisse être, que vous jouiez avec des souvenirs sur lesquels c'est une pure méchanceté de s'attarder. Tu as triché avec lui une fois; pour l'amour du ciel, ne vous moquez pas de vous-même.

Mme Severn bougeait avec inquiétude. Il y avait un éventail en feuille de palmier à proximité, elle le prit et le plaça contre ses sourcils. Mme Hennifer, avec toutes ses facultés en alerte et son énergie d'observation autant que de suspicion, était convaincue que sa lèvre tremblait. Ses yeux étaient baissés. Son visage restait cependant pâle et calme. Il était impossible de juger de sa phase de sentiment. Et à ce moment-là, comme pour contrecarrer tout effort de la part de Mme Hennifer, elle glissa ses pieds sur le sol et se leva, puis se réinstalla dans l'extrémité la plus sombre du canapé. Mme Hennifer, notant chaque mouvement avec une jalousie presque féroce pour Cynthia, admirait à contrecœur alors qu'elle se méfiait. Le profil de son visage et de son cou contre le lambris ressemblait à un bas-relief en ivoire ; chaque geste avait une grâce lente et abandonnée. Elle a prié pendant qu'elle la regardait.

« Il m'a semblé qu'il pourrait aller voir les Pitons, » dit Mme Severn ; « Je suppose qu'il est revenu à Jersey après le départ de Miss Marlowe. S'il y allait, Ambrose lui dirait probablement tout. Je sais qu'Anna lui a parlé des fiançailles lorsqu'elle lui a écrit lorsque Miss Marlowe s'y rendait.

« Une excellente opportunité, et j'espère qu'Ambrose en fera le meilleur usage. Dans ce cas, il est *au courant* de tout, et nous n'avons pas besoin de nous inquiéter, dit Mme Hennifer d'un ton décisif.

Après cela, ils restèrent assis pendant un moment en silence.

« Clothilde, aimez-vous beaucoup vos enfants ? » dit enfin Mme Hennifer, à moitié inconsciente de la question née d'un tel afflux de pensées décousues, que tout ce qui avait été dit devait sembler sans conséquence.

'Je suppose. Ils sont beaux. Je suis toujours reconnaissant qu'ils ne soient pas simples.

« Anna va te manquer, ou plutôt, peut-être que ce sera à eux.

« Anna ne peut pas encore être épargnée. Je pense que M. Borlase est un homme très égoïste et inconsidéré, mais j'étais vraiment trop contrarié pour le lui dire. Mais je l'ai dit à Anna.

« Est-ce que M. Severn dit qu'elle ne peut pas être épargnée ?

'John? Vous savez ce qu'est John : fou que les gens soient heureux, comme il l'appelle. Il a dit qu'il devrait l'avoir quand il la voudrait. C'est moi qui ai le bon sens. Je lui ai dit que je ne pourrais pas l'épargner tant qu'Antoinette ne serait pas en âge de prendre sa place ; et j'ai dit à Anna que M. Borlase pourrait mourir et la laisser veuve sans un sou. Je pense que, quand John lui a donné un foyer toutes ces années, elle devrait faire de nous la première considération. Mais tout le monde semble très difficile à convaincre.

Elle se leva tout en parlant et se dirigea vers le piano. En retournant de la musique dit-elle d'une voix basse, d'une clarté semblable à celle d'une cloche, Miss Marlowe était ici l'autre jour pour nous parler de sa visite aux Pitons à Rocozanne. J'ai pensé à son attitude que tu ne lui avais pas parlé de moi à ce moment-là. Et depuis ?

Mme Hennifer se leva, jetant le livre qu'elle tenait sur la table avec une vigueur qui surprit même Mme Severn. Cela la fit se retourner précipitamment.

« Clothilde, dit-elle, comment peux-tu me torturer ? C'est de la torture. Ne sais-tu pas que j'aime Cynthia Marlowe de tout mon cœur – mille fois plus que jamais je t'ai aimé avec l'adoration d'une créature insensée pour ta simple beauté superficielle ? Cela me transperce au plus haut point de penser qu'elle devrait un jour avoir un instant de souffrance mentale. Ne pensez-vous pas que si l'amiral savait que son futur mari avait été abandonné par vous, il ne tolérerait peut-être pas ce mariage ? Et son cœur pourrait se briser à cause de la misère de tout cela ; l'amiral peut vis vingt ans ! Et comment puis-je lui dire… et pourtant, comment puis-je laisser cela passer inaperçu ? Sa voix baissa et elle ajouta cela plus à elle-même qu'à haute voix.

'Oh! elle doit le savoir, dit Mme Severn d'un ton neutre.

Mme Hennifer la regarda rapidement.

"Soit vous ne le verrez pas du point de vue d'un autre, soit vous voulez tout arrêter", a-t-elle déclaré.

'Non non! Seulement nous nous rencontrerons et il trahira quelque chose.

« Vous quittez rarement le vieux Lafer, Clothilde.

« Pourtant, je vais à Wonston de temps en temps, je dîne au Hall, et les Marlowe me rendent visite. Tu sais, Mary, tout le monde sait que je suis différent de John. Et Lucius sait peut-être déjà que je suis là.'

Mme Hennifer réfléchit un instant.

"Une chose est sûre," dit-elle sèchement, "vous devez vous guérir de votre vieille habitude de l'appeler Lucius, et pour que vous comprendra clairement leur confiance l'un envers l'autre, *il* lui dira qui vous êtes.

L'espace d'un instant, leurs regards se croisèrent. Celui de Mme Severn lançait un regard d'appel provocant, et toute sa silhouette semblait trembler.

Mais quelle que soit sa peur, elle la surmonta, et passant son bras sous celui de Mme Hennifer, elle proposa d'aller dans le jardin.

CHAPITRE XIII

RAISONS DE SCILLA AVEC HARTAS

"Alors tu ne feras pas un travail d'une demi-journée ?"

« Non, je ne le ferai pas. Je me demande si vous vous êtes fêté pour venir me demander. Vous savez que je ne le ferai jamais, encore moins un vendredi. Il est contraire au bon sens de penser que le Tout-Puissant veut que vous réduisiez une semaine alors qu'Il a envoyé une averse les quatre premiers jours. Je ne dérangerai personne de ce côté du sabbat.

« Tu es peut-être l'homme le plus religieux du pays, Hartas.

« Ce n'est pas une religion. C'est du bon sens. Le sabbat est un point de repère ; ce sera ce qui sera dû de ma part des deux côtés. Je ne vais pas me séparer une semaine ou deux jours. Nous avons laissé une demi-douzaine de chargements à l'embouchure du puits le week-end dernier, et pas une charrette n'aura traversé pour amarrer cette tempête. Il se peut qu'ils soient nombreux aujourd'hui, et si vous aimez aller attendre la coutume, vous le pouvez.

Dick Chapman rit avec colère.

« S'il s'agit de piéger quelques lapins, personne ne sera plus enthousiaste ni vous-même », dit-il. « Je ne peux pas tomber seul dans la fosse, et donc, comme Reuben est parti, je me retrouve dans l'embarras. Et la semaine prochaine, c'est Martinmas.

«Je le sais.»

« Et je ne partagerai pas cela non plus, je pense.

« Martinmas est hors de compte. »

'Ah! ah ! il n'y a pas de fête là où il n'y a pas de cuivres, hein ?

'Laiton! Du laiton en effet ! C'est au folk sans feu et entre amis que je pense. Maintenant, Dick, pars. Je te promets quatre jours de travail. Comment vas-tu, sur Nobbin ?

"Je m'allonge, je vais rester au sec sur mes propres jambes, et Nobbin n'aura rien à faire, même si sa foutue patte arrière deviendra assez raide pour le maréchal-ferrant si elle reste debout plus longtemps.

«Je vais m'occuper de Nobbin.»

"Une simple promenade le long de la piste ne servira à rien."

"Je pense que je sais que j'ai besoin de ce membre maintenant."

"Eh bien, je vais faire équipe et voir ce que ça fait."

Chapman s'éloigna d'un pas nonchalant, relevant son col et rabattant son chapeau sur ses sourcils. Les fosses se trouvaient entre les Mires et le Vieux Lafer, sur la lande au-dessus du Hall, et ici les trois hommes valides des Mires travaillaient en toutes saisons, sauf pendant la période des foins. Au moment des foins, ils louaient aux agriculteurs des basses terres comme ouvriers mensuels. Un petit stock de charbon suffisait en été pour entretenir les gazons en diminution dans les cabanes de tourbe et entretenir le feu pendant que la maison travaillait dans les prés.

Mais il y avait des jours toute l'année lorsque le vent de l'ouest sauvage, balayant Great Whernside, provoqua des tempêtes de pluie et rendit la situation « si rude sur les sommets » qu'aucun homme ne pouvait s'y opposer et que même les moutons devenaient innombrables. Ensuite, les portes des Mires se fermaient rapidement, sauf lorsqu'une femme en sabots cherchait un peu de tourbe ou qu'un homme se précipitait vers le marais pour compter les ruisseaux écumants qui s'y déversaient. C'est à ce moment-là que ça s'est « calmé ». Puis surviendrait une autre vague de vent et d'humidité, effaçant le monde entier à moins d'un mètre ou deux des fenêtres du chalet.

S'il y avait un type de temps que Scilla détestait plus qu'un autre, c'était bien le brouillard. Une tempête de neige ou un déluge de pluie retenait Hartas à la maison, mais entre les levées de brouillard, il se dirigeait vers l'auberge d'East Lafer, et quand il revenait la nuit, il y avait un chemin au-dessus du pont à traverser, la lande. -la piste doit frapper et le puits de fosse doit être manqué. Ce n'était rien quand il a fini enroulant sur les côtés du creux.

Il y avait du brouillard aujourd'hui. Hartas était agité et elle était sûre qu'il s'éclipserait après le dîner. Elle était allée chez Chapman's et avait suggéré les stands. Mais son espoir avait échoué et elle prévoyait une veillée. Elle n'avait pas osé dire un mot pendant que les hommes parlaient, de peur qu'une inquiétude évidente ne rende Hartas contradictoire. Mais malgré sa patience, il l'avait été. Il n'y avait pas moyen de le gérer ! Elle faisait frire du bacon et soupirait au-dessus de la poêle, tandis que dans son esprit simple se précipitait la certitude de sa fuite en avant vers la perdition, une perdition symbolisée pour elle par les flammes s'enroulant et sifflant à chaque tour de fourchette qui envoyaient des sprints de graisse sur aux braises. C'était vraiment son idée de l'enfer. Elle avait une vision du paradis tout aussi vivante. À cinq kilomètres de là, droit comme une flèche vers le nord, se trouvait Wherndale. Elle avait marché maintes fois au bord des landes pour voir il. En contournant un fossé naturel profond autour d'une ancienne mine de cuivre, elle avait glissé le long du toboggan à ordures et plongé à travers les fougères, les joncs et les spagnums jusqu'à un grand rocher surplombant la vallée. De là, la vue était magnifique par une belle soirée d'été. La vallée occidentale était baignée de rayons solaires tombant à travers les brumes de chaleur et de vapeur qui enveloppaient les montagnes ; l'est inondé de soleil ; la chaîne Meupher se détache sur le ciel. En contrebas, la lande tombait brusquement dans les prairies ; les rochers étaient dispersés dans la confusion titanesque parmi les lingues ; les prairies creuses de fossettes ; le soleil couchant traversait le feuillage et projetait de longues ombres sur chaque arbre et chaque brochet à foin ; des brumes de fumée bleue flottaient au-dessus des fermes ; ici et là, il y avait une lueur de rivière semblable à un lac. Scilla, avec la brise de velours soufflant contre elle, sentit qu'ici était le paradis. Ne l' a-t-elle pas touché, alors que les touffes d'herbe sur lesquelles elle marchait brillaient comme de l'argent dépoli, et la fleur courbée brillait comme un drap d'or ?

«J'aimerais que le brouillard se dissipe», dit-elle en plaçant le dîner sur la table et ils rapprochèrent leurs chaises. « Si c'était le cas, je monterais Nobbin et lui donnerais un bon étirement, mieux que ce pour quoi vous aurez peut-être de la patience. Il ne faut pas que sa jambe empire.

"Cela ne fait qu'empirer en restant dans l'écurie." Nous n'avions pas beaucoup de travail pour elle, à enrouler les bobines dans les fosses ; elle s'épanouirait mieux avec deux fois plus, et c'est la vérité. J'ai un travail supplémentaire pour elle aujourd'hui, et malgré le brouillard, je le ferai.

« Eh bien, mon père, elle sera si raide après ces quelques jours !

"Ça marche plus loin qu'elle aille, et avec l'aspect du ciel secoué par les intempéries quand il y a une faille, et les vacances de Saint-Martin à proximité, elle sera tellement stable que sa jambe sera son destin, je l'ai maintenant.'

Scilla écoutait avec une sensation d'essoufflement. Il était rare qu'il parle autant ou qu'il l'informe de ses intentions. Elle se demandait ce qu'était le « travail supplémentaire », mais était si sûre de le savoir qu'elle cachait facilement sa curiosité.

Hartas mangeait flegmatiquement, poussant sa viande sur le couteau avec la fourchette, et de là la transportant avec un mouvement semblable à celui d'un manche de pompe jusqu'à sa bouche. Quand il eut fini, il les posa en croix sur l'assiette, passa le dos de sa main sur ses lèvres et inclina sa chaise, enfonçant ses pouces dans les emmanchures de son manteau.

«Il y a une vente de fleurs à Northside Edge aujourd'hui», dit-il.

'Oui. Pauvre Mme Carling, comme elle va le ressentir !

"J'ai rencontré Luke Brockell quand j'étais à Wonston il y a quelques jours, et il parlait de prendre son chariot. Il a son chariot, mais il a perdu son bourrin, tombé dans une crise.

« Alors comment pourrait-il s'en emparer, et à quoi cela servirait-il ? Veut-il le mettre en vente ?

Hartas rit, la regardant avec un sourire renfrogné.

« Tu n'as jamais été brillante, Scilla. Tout l'éclat de ton esprit s'est perdu dans tes cheveux. Je l'ai su quand Kit t'a donné de la soupe au lièvre, et tu n'as jamais deviné ce que c'était ni d'où elle venait. Là, là, pas d'appel à s'enflammer ! Quoi, il y a aussi une lueur dans ton caractère, n'est-ce pas ?

Scilla était devenue d'une blancheur mortelle et avait repoussé sa chaise à la hâte, émettant un son dur sur le sol grossièrement pavé qui suggérait d'une manière ou d'une autre à Hartas le son qu'aurait sa voix si elle avait parlé. Elle le regarda avec un dédain menaçant tandis qu'elle restait un moment en équilibre avec sa légère silhouette contre la table et s'attendait apparemment à ce qu'il parle. Cependant, il ne le fit pas et elle se dirigea vers la porte. En l'ouvrant, elle s'appuya contre le linteau. Il y avait quelque chose de pitoyable comme le brouillard qui enveloppait le monde de la pâleur qui avait assombri son visage. La douce clarté des yeux bleus avait disparu. Plus qu'un soupçon de larmes pesaient sur leurs paupières et se cachaient dans le tremblement de sa bouche. Mais elle était déterminée à ne pas pleurer. Ce n'était pas pour devenir la proie des moqueries qu'elle avait réussi à traverser les tribulations jusqu'à un calme qui – quels que soient les chocs de l'avenir – devrait être durable.

Et à ce moment-là, le ciel s'éclaircit et une lumière grandissante qu'elle n'avait pas remarquée, absorbée par les confidences de Hartas, éclata en un rayon de soleil.

Cela lui est tombé dessus. Elle se tourna et rentra s'asseoir sur le banc. Un sourire s'était dessiné sur son visage.

« Je sais maintenant ce que tu voulais dire, père. C'était très stupide de ma part de ne pas comprendre. Bien sûr, vous avez proposé Nobbin pour le chariot de Luke, et maintenant vous partez avec elle.

» Elle parla de sa voix brillante habituelle, mais sans espérer le désarmer. Elle savait bien, à ce stade de son expérience chèrement achetée, que de tels hommes ne devaient pas être désarmés. Toujours hargneux, sa hargne ne variait qu'en degré.

«Ceux qui sont idiots de ce côté-ci de la tombe sont moins semblables à l'autre», dit-il. « C'est vrai que j'emmène Nobbin à Northside Edge, mais il n'est pas nécessaire que tous les Mires le sachent. Cela peut ou non être porté à la connaissance de Dick Chapman, mais attention, vous êtes stupide. Je l'ai proposée à Dick pour qu'elle aille aux stands.

Pendant qu'il parlait, évitant de la regarder, un pressentiment d'un mal totalement informe mais très décidé lui vint à l'esprit. Elle hésita un instant à prononcer la suggestion de principe qui lui montait simultanément aux lèvres. Mais l'avoir fait aurait été se soustraire à ce qu'il esquivait.

« Bien sûr que Nobbin est à moitié à lui, dit-elle.

Hartas ne répondit pas mais se releva lentement.

« Et ce qu'elle gagne doit lui appartenir, la moitié, je veux dire, » dit-elle avec plus de tremblement intérieur, mais plus de fermeté extérieure. « D'ailleurs, ajouta-t-elle en se levant elle aussi et en s'approchant de lui, penses-tu qu'elle soit apte à ce travail, père ? C'est très bien qu'elle boitille un peu quand il s'agit seulement des stands, et souvent pas de travail quand elle y arrive. Personne ne pourrait nous traiter de cruels envers elle, elle est... »

Hartas leva brusquement la main et frappa. Mais ce n'était que dans l'air, et Scilla ne grimaça pas comme il l'avait espéré. Il ne la regardait pas . Jamais il n'aurait compris quelle aurait pu être l'influence de ce regard dans ses yeux sérieux et inébranlables.

«Cruel envers elle!» s'écria-t-il de sa voix épaisse, elle est grasse comme du beurre, et si on est à court, elle a sa viande. Allez, Scilla, vers quoi veux-tu en venir ? Laissons les énigmes.

« La loi », dit Scilla avec une urgence qui lui paraissait désespérée. La loi n'était-elle pas son fantôme, le redoutable vengeur qui suivait ses pas et remplissait ses pensées ? Elle aimait son mari de tout son cœur, mais dans sa plus grande loyauté, elle le considérait toujours comme un transgresseur et non comme une victime. Pour Hartas, il était la victime, la victime de circonstances défavorables, d'une incarnation de la méchanceté sous la forme d'Elias Constantine. L'article de foi prédominant de Hartas Kendrew était celui dans lequel l'amiral Marlowe, M. Severn et Elias Constantine étaient inextricablement mêlés. Mais sa trinité dans l'unité possédait, selon son raisonnement déformé, une méchanceté qui ne pouvait que nourrir la vengeance.

« La loi », répéta Scilla, se précipitant pour faire appel ; ne nous en approchons pas. Cela semble être une chose malhonnête à dire, ajouta-t-elle, hésitant un moment tandis qu'un air de perplexité remplissait ses yeux, comme si nous faisions tout le temps du mal, mais vous savez que beaucoup de gens verront Nobbin à Northside Edge, et si elle devient boiteuse... »

« Elle n'a pas de plaie, et qu'est-ce qu'une entrave ? Il n'y a pas d'entorse chez elle. Elle est saine, je vous le dis. D... la loi !

Sa violence l'a convaincue de ses réticences. Ce n'était donc pas tant ce que Nobbin pourrait gagner ce jour-là, une somme qui serait probablement équilibrée du côté de Chapman aux stands, mais le risque qu'il courait en l'emmenant si loin de chez lui qui le rendait désireux de le faire tranquillement. Mais pourquoi courir le risque ? Où en était l'avantage ? Cela ne pouvait être que par commodité pour Luke Brockell. Elle connaissait Luke et ne l'aimait pas. Non pas qu'elle ait jamais entendu du mal de lui. Mais il y avait chez lui quelque chose de prudent et de furtif qu'elle lui en voulait instinctivement. La franchise que Hartas a choisi d'interpréter comme une lenteur de compréhension l'a fait hésiter à imputer aux autres des motivations intéressées ou malhonnêtes. Mais elle y était souvent contrainte. Et maintenant, elle cherchait dans son esprit un indice sur ce pacte d'amitié de la part de Hartas avec un homme qui, de son côté, ferait bien de se tenir à l'écart de sa compagnie.

Elle s'était écartée et se tenait appuyée contre le dossier, sa silhouette tombante exprimant son découragement consterné. Que pouvait-elle dire ou exiger de plus ? Pour un homme du tempérament de Hartas Kendrew, le risque est un piquant supplémentaire. S'y précipiter excitait son sang paresseux à un degré qu'il chérissait avec délice ; l'échec nourrissait sa nature la plus basse, le succès n'était que plus passionnant en nourrissant un triomphe dont le charme principal résidait dans sa méchanceté.

« Vous avez dû tout peser, père, » dit enfin Scilla timidement, levant de nouveau les yeux vers les siens et cherchant sur son visage la confirmation de ses pires craintes. « Vous savez que si quelque chose tourne mal lorsque vous l'enlevez de cette façon, Dick s'en prendra à nous pour toute sa valeur. Et même si elle ne vaut pas grand-chose pour les autres, elle l'est pour nous.

"Vous parlez comme dans un livre", dit Hartas avec un ricanement. Cela lui plaisait de penser qu'elle avait compris la situation dans son ensemble et qu'elle en était devenue proportionnellement malheureuse. Mais après tout, ses scrupules n'étaient-ils pas entièrement féminins ? Les siens étaient ceux de la virilité. Il mettrait le diable au défi de lui faire le pire. N'avait-il pas d'autres plans pour contourner ceux du diable ? Luke Brockell était un gars plus prudent que Kit, il le battait de toutes ses forces en tant que partenaire au piège, au sac et au dub ; les gens n'ont jamais fouillé dans les affaires de son chariot ; déjà les tétras étaient de nouveau en route depuis les landes de l'amiral Marlowe vers des marchés lointains, dont Luke s'occupait sur la ligne Delf. Luke avait des amis rapides et influents, et il avait l'intention de ne négliger aucun effort pour que Luke puisse également être le sien.

FIN DU VOL. je